빛이 보이지 않을 땐
잠시 눈을 감고 기다리던 돼

빛이 보이지 않을 땐
잠시 눈을 감고 기다리면 돼

#9 에세이

prologue
아무도 남지 않은 곳에서

누군가의 기억 속에서
나는 조금씩 흐려지고 있었다.

이름조차 잃어버린 듯
마음의 창을 닫고 아무런 의미도 없는 하루를
그저 사는 날들이 이어졌다.

사랑이 끝났다는 사실보다
누군가의 눈빛 안에 더 이상 머물 수 없다는 현실이
더 깊은 상실감으로 밀려왔다.

그녀가 떠난 자리에서
나는 존재하지 않는 사람이 되었다.
스스로에게조차 말을 걸 수도 없었다.

어둠은 영원히 끝나지 않을 것 같았지만
그 고요한 침묵 속에도 들리는 숨 하나가 있었다.

아무도 닿을 수 없는 정적의 한가운데서
가라앉은 내 숨소리를 들었다.

한 줄기 숨결
끝내 놓지 못했던 마음 한 조각.

그것만이
내 안에 남아 있었다.

prologue 아무도 남지 않은 곳에서 5

01. 흔들림 12
끝은 흔들림을 외면한 순간 시작된다 13

이별통보 16
익숙함이 남기는 것 18
우리, 정말 괜찮은 거 맞지? 20
머문다는 건 23
SNS에 사진이 올라왔다 26
넘치지 못한 사랑 30
그림자 웃음 34
끝내 닿지 못한 마음 35
비명을 삼킨 정원 40
내가 더 서늘하다 43

02. 이별 46
사랑이 사라진 자리에서 들려오는 것들 47

끝내 전하지 못한 말 50
이해하지 못하겠어 51
카카오톡 숫자 1 53
괜찮아? 55
버린다고 가벼워지진 않아 59
다정함이 사라졌다 61
끝내 다 알지 못해도 63

그리움은 견디는 게 아니야 66
남겨진 사랑 69
아직 감각이 남았다 72
킨츠키를 아시나요 74
그녀의 목소리가 사라졌다 76
너는 멀어졌고 나는 깊어졌다 78

03. 미련 80
부재의 시간은 나를 비추는 거울이었다 81

연락하지 않는 이유? 사실은 그리워서야 84
왜였을까, 침묵의 이유는 86
사랑, 가장 먼 고요의 바다 89
이별연습 92
몇 번의 사랑, 몇 번의 이별 98
비추는 대신 비켜주고 싶었다 101
길을 잃은 게 아니라 나를 찾는 중입니다 104
이별은 내 안의 미련과 헤어지는 일 109
잊지 않았다고 사랑하는 건 아니야 112
괜찮지 않아도 괜찮아 114

04. 나와 마주하기 118
무너진 마음 속에 내가 있었다 119

사랑을 건너다 나에게 도착했다 121

외로움은 나로 돌아가는 길 124
오늘도 결국은 잊혀지는 날 126
가장 가까웠던 멀어지던 순간 129
여는 사람과 머무는 사람 131
시절연인 133
내가 원한 건 사랑받는 나였다 136
억지로 견디지는 않기로 했다 139
당신은 끝까지 머물 수 있나요 141
이제, 존재하기로 했다 145
좋아함은 감정이고 사랑은 태도입니다 148
기억을 사랑할 수는 없다 152
기억이 추억이 될 필요는 없다 154
그림자는 등을 돌리지 않는다 159
붙잡아야 할 것과 붙잡혀선 안 될 것들 161
놓쳐버린 시간 165
끝내, 나만 남았다. 169
다정함도 제시간에 도착해야 한다 171
믿는다는 말은 의심의 시작이었다 173

05. 절정 176
고요 속에서 울고 있었다 177

오늘도 괜찮은 척 앓고 있다 180
누르다, 지우다 그리다 182
오늘, 무너지기로 했다 184
그때 그 말을 하지 않았더라면 186
너는 덜쳐 있었고 나는 끝냈다 190

다시 젖고, 다시 엉키고 192
후회하지 않는 침묵 194
보내야 할 사랑 196
그 길의 끝엔 아무도 없었다 197
견디는 척, 괜찮은 척, 살아가는 척 201
절정 206
만취 208
지워지지 않는 기억 210
고요 속에서 울고 있었다 212
독백 215

06. 회복 220
다시 나로 살아가기 위해 221

혼자인 것이 끝은 아니야 224
잊는 것이 아니라 받아들이는 중입니다 228
지우고 싶은 그 마음까지도 231
머물던 곳은 이제 기억이 되었다 233
나는 향수를 모은다 235
닫았지만 열리고 싶었다 238
남은 것들로 나를 다시 짓는다 243
나를 깨운 맛 245
먼저 웃고 늦게 우는 사람 247
흔들리는 자리 252
가장 오래 남는 것 254
변산 바람꽃 257
봄은 그냥 오지 않는다. 260

혼자만의 사랑 265
손에 쥐지 않아야 남는다 266
당신이어서 다행이었어요 270
삶은 아직 실행 중입니다 272
흔들릴 수 있어 274
이팝나무에 꽃이 피면 276

07. 빛 280
빛이 보이지 않을 땐 잠시 눈을 감고 기다리면 돼 281

빛은 어둠을 통과한다 284
다시, 나로부터 287
살아 있다는 건 끝내 견딘다는 뜻 289
사랑받지 못해도 괜찮아 292
만나진 않았지만 이미 그리운 사람 293
나를 붙잡아준 건 결국 나 297
글을 쓴다는 건 다시 살아내는 것 302
용서: 그 사람은 너를 다치게 하지 않을 거야 306
빛은 어둠을 통과한다 309
노을은 새벽을 준비하는 빛 312
별은 사라진 후에도 빛을 남긴다 315
우리는 다시 누군가의 별이 되어 빛난다 319
어둠이 깊어질수록 새벽은 가까워진다 322
빛이 보이지 않을 땐 잠시 눈을 감고 기다리면 돼 325

\<Epilogue\> 329

01.

흔들림

끝은
흔들림을
외면한 순간
시작된다

사랑은 한순간에 무너지지 않았다

작은 균열은 나도 모르게 그녀 안에 생겼고
그녀조차 모른 채 흘린 아쉬움은 내 안에 자라났다

서로를 위한다며 애써 외면한 미세한 틈
그 틈은 생각보다 빠르게 벌어졌다

우리는 이미 흔들리고 있었다
그러나 그 흔들림을 서로에게 말하지 않았고
말하지 않은 시간들은 서로의 마음을 멀어지게 했다
침묵 속에서 외로움만 자리를 넓혀갔다

멀어짐을 느끼면서도
이해한다는 말로 진심을 감췄다
상처를 주지 않으려고 택한 그 침묵이
결국 가장 깊은 이별이 되었다

흔들리는 마음을 외면한 그날
우리는 말없는 이별을 시작하고 있었다

돌아갈 수 없는 선이 그어지기 시작했다
천천히
그러나 분명하게

닿았던 것들이
먼저 사라졌다

설렘
다정함
그리고 그녀의 눈빛

끝은 다가오지 않았지만
이미 끝에 서 있었다

남아 있는 건
익숙했던 자리에 남겨진
텅 빈 감정 뿐

이별통보

퇴근길 전철역을 나오자마자
굵은 빗줄기가 후드득 우산을 두드렸다.

집으로 걸으며 습관처럼 그녀에게 전화를 걸었다.
일상의 이야기를 늘어놓는 동안
처음으로 그녀의 목소리에서 낯선 기색이 스쳤다.

나는 그저 그런 날이겠거니 별일 아닐 거라고 생각하며
내 안에 고개 드는 불안감을 애써 달랬다.

몇 주가 지나고
그녀에게서 짧은 문자가 도착했다.

'이제 전화하지 않았으면 좋겠어'

익숙한 인사처럼 미련 없는 마지막 문자처럼
마침표 하나 남기지 않은 이별 통보였다.

아무 말도 하지 못했다.
방 안의 공기는 낯설 만큼 무거워졌다.
숨을 쉬는 것조차 어색했다.

눈을 감았다.
선명하게 떠오르는 그녀의 모습과
함께 나누었던 모든 시간들이
파노라마처럼 내 머릿속을 스쳐 지나갔다.

아무도 모르는, 아무도 알아주지 않는
텅 빈 방 안이 홀로 남겨진 순간
문득 사라지고 싶다는 생각이 들었다.

그 생각은 오래전부터 내 안에 머물러 있었다.
몇 번의 연속되는 배신과 좌절, 땅에 붙어버린 자존감.

해가 뜨는 아침이 괴로웠다.
모두가 잠든 어두운 밤이 오히려 편안했다.
이대로 영원히 잠들어 깨어나고 싶지 않다는 생각은
삶을 포기하는 마음이 아니라
내 영혼이 살아남으려는 마지막 본능처럼 느껴졌다.

하지만 끝내 사라지지 못한 이유는
그 순간들을 그녀가 곁에서 함께 버텨주었기 때문이었다.

그런 그녀가 떠났다.
아니, 그랬던 그녀마저 떠나갔다.

나 혼자 남았다.
나도 이제 그만 사라지고 싶다는 마음을 마주했지만
나는 나를 아직 견디고 있었다.

아직 사라지지 않고 남아 있다는 건
어딘가로 가야 하기 때문일지 모른다.

하지만
내가 어디로 가야 하는지는 아직 알 수 없었다.

익숙함이 남기는 것

한여름 미사리 한강변
혼자였던 내 곁에 그녀가 조심스레 다가와 팔짱을 꼈다.

팔꿈치에 닿은 솜사탕 같은 부드러움
순간, 세상은 멎은 듯 조용했고
내 안의 두근거림은 소리처럼 귓가에 들려왔다.

나만을 바라보며 미소를 머금은 눈빛
내 일상을 자기 일처럼 걱정해 주는 다정함
그녀가 내 안으로 들어왔다.

아침이면
샌드위치와 투명한 컵에 담긴 음료가 식탁 위에 놓였다.
방 안 가득 퍼지는 커피향기
웃음이 오가는 대화
분주한 출근 준비 속에서도 하루를 기대하는 말들이
따스하게 방 안을 가득 채웠다.

퇴근 무렵이면 익숙한 골목의 작은 음식점이나
불빛이 아늑한 카페에서 나란히 앉아 서로의 하루를 나눴다.

창밖으로 번지는 저녁빛 노을
테이블 위에 놓인 두 개의 잔
가끔은 말없이 마주 보는 눈빛만으로도 충분했던 시간
그렇게 소박하지만 행복한 날들이 차곡차곡 쌓여갔다.

하지만 언제부터였을까

익숙함이 당연함으로 몸에 베이기 시작한 건.

서로를 잘 알고 익숙해질수록 묻지 않는 것들이 하나 둘
늘어났다. 더 이상 확인하지 않아도 괜찮다는 마음이
우리 사이에 조금씩 내려앉았다.

식탁에 앉아도 대화도다 각자의 시선은 휴대폰 화면에
머물렀다. 함께 있었지만 따로, 따로이지만 함께인 듯한
시간들이 점점 늘어났다.

두 개의 컵은 여전히 그 자리에 있었지만
그 사이를 채워주던 무엇인가가 조금씩 사라졌다.

나는 혼자였던 날들의 습관을 다시 반복하기 시작했고
서로의 대화는 창문에 맺힌 물방울처럼 흘러내리다
이내 흔적도 없이 사라졌다.

갓 구운 빵 냄새 같았던 다정함은 사라졌고
방안은 따스함보다는 서늘함이 먼저 느껴졌다.

식탁 위에는 식은 커피 두 잔
빈 의자 두 개
그리고 스쳐 지나가는 무심한 시선만 남았다

익숙함은 그렇게
다정했던 모든 순간을
천천히 닿지 않는 먼 곳으로 밀어내고 있었다.

우리, 정말 괜찮은 거 맞지?

멈춰버린 손가락 사이로 시간만 하염없이 흘러갔다.
오늘도 휴대폰 전송 버튼을 누를까 말까 망설였다.
한 번, 단 한 번이라도 물어보고 싶었다.

'괜찮아?'

하지만 그 문자는 보내지 않고 지워버렸다.
'괜찮아?'라는 문자.
그 하나의 문자가 '지금 우리는 괜찮지 않다'는 사실을 인정하는 일이었으니까.

그 말을 건네는 순간 모른 척하고 있던 것이 드러날 것 같았다.
그 한마디 때문에 그녀를 잃어버릴지 모른다는 생각도 스쳤다.

그럴 바엔 차라리 그 문을 열지 않는 쪽이 더 나아 보였다.
나는 결국 묻지 않기로 했다.
무엇을 해야 할지, 어떤 말을 건네야 할지
이 침묵이 언제까지 이어질지조차 알 수 없었다.

'괜찮아?'라는 말 한마디에 기대던 마음.
하지만 그 말이 가져올 결과를 감당할 용기가 없던 나.
나는 묻지 않음으로써 서로를 이해하는 척 침묵에 기대었다.

사소한 안부에도 웃으며 답해주던 시절.
"오늘 하루 어땠어?"
"피곤하지는 않았어?"

그런 평범한 말들로 따뜻하게 채웠던 시간들이
이제 모두 사라져 버렸다.

아침 식탁 위.
식지 않은 커피잔 옆에는 휴대폰이 뒤집혀 있었다.
다정함이 사라진 자리에도
헤어질지 모른다는 불안감이 조금씩 뿌리를 내리고 있었다.

마음은 멈춘 시간을 부유하는 물결 같았다.
나는 그곳에서 발을 떼지 못했다.

'우리, 정말 괜찮은 거 맞는 거지?'

그 말은 끝내 입 밖으로 나오지 못한 채
가슴속 어딘가를 맴돌았다.

나는 괜찮냐고 묻지 않았다.
그래서 괜찮지 않은 사람이 되었다.

그녀는 아무 말이 없었다.
그래서 우리는 괜찮지 않은 사람이 되었다.

사라진 건 사랑이 아니라
서로의 마음을 불러주던 다정한 손짓이었다.

우리는 되돌아갈 길을 지운 채
서로 다른 시간의 끝을 향해 고개를 돌렸다.

기대지 않고
붙잡지 않으며
나를 건넨다

사랑은
외로움을 내미는 일이 아니라
나를 지키며
그 사람의 곁에 서는 일이다

머문다는 건

잎새는 바람에 떨어지는 것이 아니다.
더는 나뭇가지에 머물 수 없다는 걸 깨달은 순간
바람에 몸을 맡기고 조용히 계절의 흐름 속으로 흩어진다.

잎새가 나뭇가지를 놓는 그 순간은
체념처럼 보일지라도 결코 슬프거나 나약한 일이 아니다.

잎새는 자신이 머물 수 있는 시간을 다 살아낸 뒤
계절의 순환을 받아들인다.
더 이상 나무를 붙잡지 않음으로써 자신의 곳을 다하고
흩어지며 또 다른 생명을 위한 자리를 내어준다.

하지만 내 인간관계는 자연의 순리와는 조금 달랐다.
마음이 불안할수록 누군가의 다정한 품을 찾고 매달렸다.
그것을 사랑이라 부르면서…

하지만 그것은 사랑이 아니라 기댐이었고
외로움을 달래기 위한 지극히 이기적인 바람이었다.
다정함을 가장해 나를 구해달라는 사적인 구조 요청이었다.

그런 사랑은 감당하지 못할 공허를 서로에게 던지는 일이다.
외로움을 견디지 못해 시작한 관계는 결국
서로의 마음을 서서히 부식시킨다.

인연을 맺는다는 건
내 안의 공허를 타인의 존재로 메우려는 충동을 넘어

서로의 상처를 끌어안으며 함께 사랑을 완성해 가겠다는
다짐에서 시작되어야 한다.

곁에 머문다는 건
누군가에게 기대지 않으면서 함께 걷는 일이다.
자신의 삶을 스스로 지탱할 수 있는 사람만이 누군가의 곁에
오래 머물 수 있다.

진정한 사랑은
혼자서도 충분히 행복할 수 있는 사람이
결핍이 아닌 충만함으로 내미는 손길에서 시작된다.

돌이켜보면 나는 사랑한 게 아니라
외로움을 견딜 수 없던 나를 그녀에게 건넸던 것이다.

이별을 예감하면서도 혼자 남겨진다는 두려움을 피하고 싶었다.
내 안의 간절함은 그녀 곁에 머물기를 바랐지만
결국, 그 끝에 남은 건 더 깊어진 외로움뿐이었다.

외로움이란
누군가로 인해 자신이 채워지기를 바라는 마음에서 비롯된다.
하지만 그 타인으로 해소되는 것이 아니라 스스로를 온전히
받아들이고 견뎌야 하는 감정이다.

혼자라는 외로움을 두려워하지 않을 때
우리는 비로소 타인을 진심으로 맞이할 수 있다.

누군가를 사랑한다는 것은
외로움을 짐처럼 내미는 것이 아니라
서로의 존재를 존중하며 함께 머무는 일이다.

있는 그대로의 모습으로
결핍이 아닌 온전함으로
서로를 마주 보는 것이다.

SNS에 사진이 올라왔다

팔공산에는 여름의 끝자락이 마지막 숨을 고르고
산기슭을 따라 뻗어 있는 길 위로는 가을의 기척이
조심스럽게 내려앉고 있었다.

그날 그녀는 시선을 자꾸 다른 곳으로 돌렸다.
예전처럼 먼저 손을 잡지도 않았고
걷는 동안 그림자조차 닿지 않으려는 듯
멀찍이 떨어져서 걸었다.

그녀는 그날의 풍경을 사진에 담고 있었다.
왠지 쓸쓸해 보이는 가로등, 바람에 흔들리는 나뭇잎,
아무도 앉지 않고 낙엽만 쌓인 벤치.

며칠 뒤 그녀의 페이스북에 사진들이 올라왔다.
아무도 없는 산책로, 바람에 흩날리는 나뭇가지,
텅 빈 하늘이 보이는 쓸쓸한 가로등 사진들이
외로움 잔뜩 묻어 있는 글귀와 함께 게시되었다.
사진들 속 어디에도 나는 보이지 않았다.

그 사진들을 바라보며 내가 그녀의 삶에 존재했던 사람인지
그저 기억 속 풍경 중 하나였는지조차 판단이 서지 않았다.

화면을 넘길 때마다 드는 생각들…
　'그 사진에 내가 있었다면 어땠을까.'
　'언제부터 그녀의 마음에 내가 존재하지 않았던 것일까.'

그녀의 마음조차 눈치채지 못한 채 웃음짓던 순간과
아무 말 없이 걸어도 행복을 느끼던 시간들이 떠올랐다.

함께 걷던 길가에 핀 작은 들꽃을 보며 사진을 찍던 시간들.
팔짱을 끼고 바람 따라 강변을 걸으며 나누었던 대화들.

***

나는 그 게시글에 아무 말도 하지 않았다.
그저 멍하니 몇 번이고 다시 들여다볼 뿐이었다.

그 후로 그녀와 몇 번의 대화가 오갔다.
하지만 서로의 안부를 묻는 말도 없었다. 짧은 인사 정도…
그게 전부였다.

어색한 침묵은 산자락을 밝혔던 그날의 조명등처럼
우리 사이를 옅게 감쌌다.

하지만 이상하게도 아무것도 불편하지 않았다.
서먹서먹한 관계가 하나의 풍경처럼 자연스러웠다.

그 여행이 마지막이었다는 걸 몰랐지만
그 게시글을 보며 이별은 이미 정해진 길 위에
놓여 있다는 걸 체념하듯 받아들이고 있었다.

관계를 되돌리려는 마음도 설명하려는 시도도 없었다.
그건 어쩌면 곧 숨이 꺼져버릴 사랑이 남기는 마지막
배려였을까.

마지막 여행길을 함께 걷는다는 건
더 이상 서로를 붙들지 않는다는 뜻일지도 모른다.

나는 멀어지는 그녀의 뒷모습을 바라보았고
그녀는 돌아보지 않았다.

***

말없이 등을 돌린 사람과
그 등을 바라보는 사람 사이에 스며들던 침묵은
오랜 시간이 지났어도 잊히지 않았다.

지나간 사랑은 사진 속 오래된 풍경이 되었고
그 안에서 우리는 계절에 빛바랜 나뭇잎처럼 흩어졌다.

이별은 마지막 여행의 사진 속에서
내가 점점 흐려지는 방식으로 진행되었다.

그날 그녀의 셔터 소리는 이별의 카운트다운이었고
외로움이 묻어나는 사진이 하나씩 게시될 때마다
나는 그녀에게서 한 조각씩 증발했다.

마지막 계절이 오기 훨씬 전부터
우리의 마음은 이미 다른 계절을 걷고 있었다.

남은 것은
나도 모르게
조금씩 희미해져 가는 나였다.

한때는 함께 걷던 길이었다
밤이 늦도록 이야기하고
웃으며 서로를 바라보며 걷던 길

이제 그 길을 나 혼자 걷는다

바스락거리는 낙엽 소리와
노란 가로등 불빛이
오래된 기억의 가장자리를 흔든다

천천히 아주 천천히 걸었다
발끝에 닿는 땅의 감촉마저 낯설었다

네 손을 잡았을 내 손은
주머니 속에서 웅크린 채 떨고 있었다

이제 그만 사라지고 싶은 낯선 밤이었다
그 생각이 낯설지도 않았다

그까짓 사랑 때문에

넘치지 못한 사랑

술잔이 입술에 닿기도 전에
절망은 이미 목구멍 깊은 곳에서 맴돌았다.
이성의 벽은 빠르게 허물어지고
비명조차 내지 못한 감정이 서서히 그 자리를 채웠다.

이 자리에는 누구도 있지 않았지만
언젠가 익숙해져야 할 외로움이 함께 앉아 있었다.

술잔을 들었다.
상실의 그림자가 드리워진 잔은
손보다 마음을 먼저 떨게 했고
입술보다 더 깊은 곳을 사정없이 흔들었다.

기어코 술잔이 쓰러졌다.
잔이 넘쳐서가 아니라 끝내 넘치지 못한 마음이,
스스로의 무게를 견디지 못했기 때문이다.

그 무게는 '그녀에게 닿지 못하는 나'였고
더 깊은 진실은 '모든 게 내 탓일지도 모른다'는 자책이었다.

아픈 건 닿지 못한 마음이었지만
미운 건 끝내 진심을 전하지 못한 나 자신이었다.

그날 이후
나는 사랑이라는 껍질 속에 내 마음을 밀어 넣었다.
이별을 괜찮다고 말한 적도, 그 상황을 이해한 적도 없었다.
이유를 묻지 않았고 침묵을 따지지도 않았다.

오직 그 침묵을 견디는 것이
그녀가 다시 올 거라 믿었기 때문이다.

나는 침묵을 믿고 상실감을 접어 넣었다.
그러면 덜 아플 줄 알았다.

하지만
이별도 침묵도 이해하지 못한 이성은
함께 있고 싶어 하는 감정의 관성을 멈추지 못했다.

시간은 지나간 기억을 지우지도
그녀를 다시 데려오지도 못했다.

남겨진 건
위로받지 못한 감정,
꾹꾹 삼켜야 했던 나의 눈물,
끝날 것 같지 않은
밤의 기나긴 침묵뿐이었다.

지금도 상처의 틈보다 깊은 곳
눈물보다 오래된 자리에는
쓰러진 술잔과 함께
그 마음이 여전히 흘러내리고 있다.

넘치지 못한 사랑이 흘러넘친다.
감정도, 사람도…

나는 오늘
넘치지 못한 내 마음을
기억의 입술로 마시고 있다.

숨을 죽인 채
아무 말없이
다시 한번 삼켜내며…

이별보다 아팠던 건
단 한 번도 말하지 못한 채
침묵 속에 자신을 가두어야 했던
그날의 나였다.

사랑은
끝내 도달하지 못한 마음들이
가장 깊은 곳에 남기고 간
익명의 흔적이었다.

같은 길을 걸었지간
서로를 기다리지 않았다

닿지 않는 손끝
멀어지는 다음

이별은
한순간에 끝나는 것이 아니라
조금씩 멀어지는 시간 속에서
서서히 스며든 고독이었다

아무도 돌아보지 않는 자리에서
나는 이미 혼자였다

그림자 웃음

그녀는 웃고 있었지만 나는 웃지 못했다.

잔잔한 물결 같은 그녀의 표정 뒤로
어딘가 닳아버린 눈빛이 내 주변을 서성였다.

나는 그 눈빛을 애써 외면했다.
무언가 지나갔다는 걸 이미 알고 있었기에…

마주 앉은 테이블 위
힘없이 놓인 두 손에는
닿을 듯 말 듯한 아쉬움이 주저앉았다.

창밖으론 오후가 느릿하게 기울고 있었다.
노을빛이 조금씩 물러나며
우리 사이로 그림자를 길게 늘어뜨렸다.

말없이 커피잔만 돌리는 그녀의 두 손.
함께 있었지만 마치 혼자 있는 것 같았다.

마음속에 알 수 없는 불안감이 일었다.
모른 척했던 그녀의 얼굴에는
낯선 그림자가 번지고 있었다.

나는 웃고 있었다.
웃음 뒤로 스치는 내 낯선 기척을
그녀에게 들키고 싶지 않아서

그리고 우리는 아무 일도 없던 듯
말없이 각자의 그림자를 안고 일어섰다.

끝내 닿지 못한 마음

*그녀를 사랑했다고 믿었다
하지만 내가 끝내 사랑해야 했던 건
아무것도 놓지 못하는 나 자신이었다*

***

사랑이라 믿었던 감정이
내 안에서 조금씩 옅어지고 있었다.
가장 먼저 사라진 건 그녀에게 닿으려 했던
내 마음의 숨이었다.

***

나를 대하는 그녀의 태도가 낯설어졌다.

그녀를 마주하기보다
모르는 척, 몰랐던 척
외면하는 것이 더 편안해졌다.

불안한 변화를 감지하면서도
그 이유를 애써 묻지 않았다.
그녀의 입에서 나올 대답이
내가 예감하는 그것이 맞을까 봐.

그 말을 듣는 순간
붙잡고 있던 내 마음이
한순간에 무너질까 봐.

그녀 앞에서
지금의 내 마음이, 볼품없는 내 현실이
빨갛게 벗겨진 채 들켜버릴까 봐.

***

무관심과 침묵은
잠시 우리를 지켜주는 듯 보였지만,
가장 먼저 다정함을 지워버렸다.

다정함이 사라진 자리엔
낯선 공허만이 남았다.
그 시간들이 층층이 쌓여갔고,
결국 그녀는 내 손을 놓았다.

남겨진 나는
텅 빈 공허 속에서
존재의 윤곽마저 흐려졌다.

사라진 것은
그녀의 손길만이 아니었다.
함께했던 시간
그 시간 속의 나
그리고 함께 나누었던 감정들이었다.

나는 그녀를 되돌릴 수 있다고 믿으며
마지막까지 손을 뻗었다.
그러나 그 손길마저
그녀를 위한 것이 아니었다.

혼자가 되는 게 두려웠던
나의 마지막 애원이자 집착이었다.

나는 그녀를 사랑한 것이 아니라,
그녀에게 사랑받고 있다고 믿는 나 자신을
붙잡고 싶었던 것인지도 모른다.

사랑이라는 감정에 기대어
무너져가는 나를
애써 버텨보려 했던 것인지도 모른다.

그녀가 사라진 뒤에야
깨닫게 된 진실이 하나 있었다.

그 손길은
누구를 위한 것도 아니었고,
그 감정은
사랑이라 부를 수 없는 것이었다.

그건…
사랑을 흉내 낸
나의 마지막 자기 위안이었다.

사랑은
그렇게 허무하게 저물었다.

***

모든 것이 사라진 줄 알았던 밤
아직도 사라지지 않은 감정 하나가
희미하게 꺼져가는 빛처럼 내 안에 남아 있었다.

그것은 빛이라 부르기엔
덧없고 아련하다 말하기엔
너무 생생한 것이었다.

끝내 말하지 못한 말
다가서지 못한 한 걸음
놓치고 싶지 않았던 마지막 손짓
찢기고 왜곡된 사랑의 한 조각.

가장 아픈 이별은
그 마음이 끝내 닿지 못한 그 순간
어디에도 닿을 수 없는
흩어져버린 내 마음이었다.

닿지 못한 마음이
흩어진 채 남았다

묻지 않은 질문
꺼내지 못한 말

사랑이 저물어 가는데
미련만 머물렀다

흘러넘치지 못한 감정이
나를 가라앉히고
침묵은 오래도록
비명을 삼켰다

우리는 서로를 향해
한 발짝도 다가서지 못한 채
그 자리에 서 있었다

비명을 삼킨 정원

'너의 과거를 알고 싶지 않아'

이 말은 어쩌면 너에게 다정하게 들렸을지도 모르겠다.
하지만 그것은 감추고 싶었던 내 안의 두려움이었다.

네가 지나온 시간을 들여다보는 일은
내가 너의 상처와 마주해야 한다는 뜻이었다.

그리고 언젠가
그 상처를 기준 삼아 내 마음까지 저울질할 너를
나는 견딜 수 없을 것 같았다.

네가 꺼낸 아픔 앞에서
네 상처를 온전히 감싸지 못할까 봐.

내 마음이 그 무게를 버티지 못해
내가 너에게 또 하나의 상처가 될까 봐.

그렇게, 이번에는 내가 너의 과거가 될까 봐.

"과거는 중요하지 않아. 나는 지금의 너 만을 사랑해."
이 말끝에는 내 불안과 안도가 함께 매달려 있었다.

하지만 그 입술에 맺힌 말들이 자라나
어느새 비명을 삼킨 정원이 되어 가고 있다는 걸
끝내 알지 못했다.

너는 오래된 기억을 꺼내려고 했다.
거칠어지는 말투.

애처로운 눈빛
그리고 무언가를 기다리는 듯한 떨리는 숨결.

나는 그 떨림이 나를 향할까 봐
휴대폰에 내 시선을 묶었다.
네 마음이 닿기도 전에 등을 돌렸다.

너는 피지 못한 꽃잎 아래
어디에도 닿지 못하는 마음의 가시였다.

나는 그 가시에 찔릴까 두려워
너의 지나온 시간을 모르는 척 외면하려 했다.

나는 묻지 않았고
너는 끝내 말하지 못했다.

꺼내야 했던 진심보다
다시 다치지 않으려 움켜쥔 침묵이 먼저 흘러나왔다.

그렇게 너와 내가 가꾸려 했던 정원에는
아무런 소리도 없는 비명만이 남았다.

'지금의 너 같을 사랑하겠다'는 말 때문에
나는 너의 과거가 아니라
그 시간을 지나온 너를 놓쳤다.

그때는 몰랐다.
함께 견디는 것이 사랑이라는 걸.

끝내 닿지 못한 마음
들리지 않은 너의 이름.

묻지 않은 질문.
하지 못한 말.

우리는 그렇게
서로를 놓아주고 있었다.

남겨진 건
바람 속에 묻힌
아무도 듣지 못한
아주 오래된 비명뿐.

내가 더 서늘하다

분명 같은 길을 걷고 있었다.
더위가 채 가시지 않은 9월의 오후
그녀의 집 근처 공원 숲길을 나란히 걸었다.

햇살이 나뭇잎 사이로 흘러내리고
산책 내내 그녀의 그림자가 내 옆에 다정하게 포개졌다.
걸음걸이를 맞춰주는 그녀의 발끝에서는
알 수 없는 평온함과 안도감이 느껴졌다.

며칠 뒤
그녀의 SNS에 글이 올라왔다.
그날 그 숲길 사진과 '혼자 걸은 날'이라는 글과 함께.

그녀의 외로움이 화면 너머로 천천히 번져 왔다.

우리는 엇갈리고 있었다.
그녀는 나와 함께 걷고 있지 않았다.

***

휴대폰을 꺼버렸다.
어둡게 변한 화면을 바라보며 지나간 시간을 떠올렸다.

'그 어디쯤에서부터 혼자였을까.'

언제부터였는지 기억조차 나지 않는다.

함께였다고 믿은 기억이
실은 혼자였다는 걸 깨닫는 순간,
서늘한 기척이 다가왔다.

함께였다고 믿었던 시간들은
내 안에서만 맴돌던 서사였고
그녀가 머물렀다고 여겼던 순간들은
그저 놓치지 않으려던 내 미련이 남겨 놓은 환영이었다.

다시 돌아간다면 그녀를 마주할 수 있을까.
아니, 아무리 되돌아간다 해도 그녀는
이미 다른 계절의 길목에 서 있었을 것 같았다.

그리움이 아니라
내가 어디서부터 혼자였는지 되짚는 시간이 필요했다.
사람이 그립다기보다
나를 놓치고 살아온 시간이 더 그리웠다.

나는 오랫동안 멈춰 있었다.
누군가를 기다리기 위해서가 아니라
흔들리는 나를 붙잡기 위해.

저녁 공기의 무게가 내 어깨 위에 내려앉던 시간.
그 속에서 다시 혼자 걷는 법을 배워야 했다.
그녀가 없는 시간이 흐르기 시작했지만
나는 여전히 그 남겨진 시간 속에서 머물러 있었다.

그녀가 사라진 자리를 되돌아보면서 비로소 알았다.
내 걸음이 조금씩 달라지고 있다는 것을.

그곳은 더 이상 도달해야 할 목적지가 아니었다.
그녀는 내 안을 스쳐간 하나의 우연
지나가 버린 계절
그러나 쉽게 지워지지는 않는
지나간 시간 속의 한 장면이었다.

나는 다시 걷기 시작했다.
누구의 걸음에도 맞추거나 기다리지 않고
누구도 믿지 않으며…

이제 그녀를 회상하지 않는다.
품어내지도 못한 나를 기억할 뿐이다.

그녀가 없다는 사실보다
그 마음이 언제부터 나를 떠나고 있었는지
알아차리지 못한 내가 더 서늘했다.

계절이 바뀌고 나서야 알았다.
내 안에 가장 깊게 남은 건
그녀에 대한 그리움이 아니라
언제부터 혼자였는지 모른 채
그 자리에 머물러 있던 나 자신이었다는 것을.

나는 오랫동안 나를 떠나 있었다.

사랑이 멈춘 그 자리에서
나는 이제
어디론가 향해야 할
내 그림자를 바라보고 있었다.

02.
이별

사랑이
사라진 자리에서
들려오는 것들

사랑은 끝나고 나서야
비로소 그 실체를 드러낸다
함께했던 날에는 보이지 않던 것들은
사랑이 떠나가고 나서야 모습을 드러낸다

사랑이 떠난 자리엔
침묵만이 남았다

말하지 못한 무게가 방 안을 채웠고
남겨진 흔적만이
기억의 표면에 스며들었다

그때의 감정이
나를 향해 되돌아오고 있었다

사랑이 머물다 지나간 그 방 안엔
멈춰버린 감정의 잔류만이
무겁게 자리잡고 있었다

말하지 못한 순간들이
서서히 멀어졌다

묻지 않았고
대답하지도 않았다

이해라는 이름 아래
아무 말도 하지 않았다

결국 남은 건
전하지 못한 말들과
산산이 부서진 마음의 잔해뿐

끝내 전하지 못한 말

목에 걸린 말이 있었다.
몇 번이나 떠올랐지만 끝내 입 밖으로 나오지 못한 말.
마음 가장 깊은 곳에 가라앉아 시간을 멈추게 한 말.

'가지 마.'

이 말 한마디를 끝내 삼켰다.
자존심이 그 말을 틀어막았다.
집착으로 보일까 두려워 침묵을 선택했다.

그녀도 알고 있었을까.
흔들리는 눈빛과 입술 끝 내 망설임을.
그녀는 시선을 피했고 나는 아무 말도 하지 않았다.

그녀는 떠났고 나는 침묵을 남겼다.
침묵은 끝내 가장 긴 고백으로 남았다.

삼켜진 말은 어디에도 닿지 못했고
남겨둔 말들은 여전히 내 안 어딘가를 떠돈다.
마치 끝나지 않은 문장처럼.

시간은 흘렀지만 말하지 못한 감정은 더 또렷해졌다.

그녀에게 닿지 못한 말이
내 시간을
영원 속에 묶어두었다.

이해하지 못하겠어

늦은 가을비가 내리고 있다.
젖은 나뭇잎 위로 빗방울이 떨어지고
방 안에는 함께 쌓아 올린 시간들이
책갈피가 닫히지 않은 책처럼 어지럽게 흩어져 있었다.

그 책 속에서 나는 아직 읽히지 않은 문장처럼 남아 있다.

우리는 한 권의 책 속에서 시간을 함께 쌓아 올리며 맞닿아 있다고 생각했지만, 이제는 각기 다른 여백에 머물며 서로의 이야기를 더 이상 이어가지 못했다.

너는 어깨를 떨며 흐느꼈고
나는 그저 흐느끼는 너의 숨결을 바라봤다.
가까이 있었지만 너의 고통에 닿을 용기는 없었다.

나는 '이해하지 않아도 괜찮아'라는 말을 경계선 삼았다.
그 말은 얼핏 다정해 보였지만 사실은 서로의 고통에 들어가지 않겠다는 변명이었다.

나는 그 고통의 이유를 묻지 않았다.
괜찮을 거라 믿으며 감추고 외면했다.
상처 주지 않으려 너에게 맞추다
나를 잃어버릴까 봐 한 걸음도 내딛지 못했다.

***

사람들은 "이해할게."라고 쉽게 말하지만
그 말은 때로 고통을 멀리서 바라보겠다는 말이다.

이해는 말이나 생각으로만 끝나는 것이 아니라
그 고통 속으로 스스로를 들여보내는 것이다.

하지만 나는 끝내 너에게 닿지 못했다.
너의 슬픔 앞에서 나는 한 걸음 물러서 있었다.
"괜찮아", "이해해"라는 말로 너의 고통을 비껴갔다.

나는 너를 이해하지 못했다.
그 고통을 건너가지 않고 사랑을 말하는 건
너의 그림자만 껴안는 일이었다.

사랑은 바라보는 일이 아니라
그 고통 속으로 함께 무너지는 일이었다.

너는 멀어지고 있었지만
나는 여전히 그 자리에 발이 묶인 사람처럼 서 있었다.

비에 젖은 나뭇잎처럼 쉽게 마르지 않는 후회와
아직 끝나지 않은 고통만이 그 시간 속에 남았다.

그리고 너는
이해하지 못한 시간 속으로 멀어졌다.

카카오톡 숫자 1

카톡창에 남겨진 숫자 1.

단순한 숫자일 뿐인데
그 가장 작은 숫자가 내 마음을 짓누른다.
읽히지 않은 메시지
끝내 닿지 못한 마음 한 조각

'1'이라는 숫자가 언제부터인가
나를 상징하는 것처럼 보였다.

하루 종일 휴대폰을 쥐었다 놓기를 반복했다.
전송 버튼을 누르려던 손끝은 늘 망설임에 머물렀다.

'잘 지내?'
'보고 싶어.'
'내가 미안해.'

마음은 준비되어 있었지만 그녀의 침묵이 두려웠다.
답장 대신 외면받고 있다는 상처까지 남을까 봐.

숫자 1.
그것은 세상과 나 사이에 존재하는 가장 높은 벽이었다.
어떤 말도 넘지 못하고 어떤 마음에도 닿지 못한 숫자.

사랑이든 우정이든
모든 관계는 이 벽 앞에서 멈췄다.

끊임없이 2가 되려 애썼지만 늘 1의 자리에 머물렀다.
사람과 사람 사이. 짧은 거리 하나. 끝내 건너지 못한 자리.

언젠가 그녀가 무심코 한 말이 기억난다.

"인생은 결국 혼자야."

그 말 한마디가 내 안을 가득 메웠다.

둘이기를 포기하고 연결을 단념한 말이니까.

가장 깊은 외로움은
함께 있어도 혼자라는 것을 느끼는 순간이다.

그날 이후
나는 손끝에 걸려 있던 모든 말을 내려놓았다.

사랑은 그 끝자락에 다다라서야 더 많은 말을 남았지만
그 말들은 끝내 전해지지 않았다.

카카오톡 그녀의 프로필이 외로운 사진으로 바뀌어도
숫자 1은 여전히 변하지 않았다.

숫자 1.
끝내 닿지 못한 사랑의 모양
사랑도. 미련도. 진심도.
끝내 건너지 못한 자리.

홀로 남겨진 숫자 1 처럼
이해받고 싶었지만 이해를 포기한 마음
사랑하고 싶었지만 사랑에 실패한 마음
세상과 연결되기를 원했지만 끝내 단절을 선택한 마음.

숫자 1은 지금도 내 카톡창에 남아 있다.
아직 읽히지 않은
끝내 이해하지 못할 말과 함께.

괜찮아?

누군가 다정한 목소리로 조심스럽게 물었다.
"괜찮아?"

그런데 그 다정함이 내 마음을 조인다.
숨이 목 끝까지 차오르고
아무 말도 내뱉을 수 없었다.

"괜찮아?"

아니,
바로 그 다정함 때문에
고개를 들 수도
눈을 마주칠 수도 없었다.
가슴 안쪽이 쿡쿡 쩔려온다.

괜찮냐고 물어보는 말은
마치 누군가 손끝으로
상처를 건드리는 것처럼 들려온다.

어떤 말도
이 아픔을 설명해낼 수 없었고
어떤 침묵도
이 떨림을 감출 수 없었다.

다정함은 때대로 잔인했다.
고통에 달라붙어 더 깊숙이 파고든다.

숨을 들이쉴 땐 가슴이 아팠고
내쉴 땐 눈물이 흘렀다.
아무것도 하지 않아도
더 이상 버텨내기 힘들었다.

괜찮냐고 물어보는 그 말은 위로였겠지만
지금의 나에겐 숨을 끊는 칼날이다.

그 질문에 나는 미동도 하지 않았다.
고개를 끄덕이지도
고개를 가로저을 수도 없으니까.

가끔은
사람의 다정함이 세상에서 가장 아프다.
어루만지려는 그 손길이 상처를 다시 찢는다.

그럴 땐
어떤 말도 필요하지 않다.
그저 지나가기를
그저 지나가기만을…

조용히 눈을 감았다.
눈꺼풀 너머로 고인 눈물이
뺨을 타고 흘러내렸다.

나를 위로하려 했다는 것을 안다.
하지만 그 마음이
나를 더 아프게 한다.

살다 보면
다정함조차
감당하기 힘든 순간이 있다

때로는
위로받는 것조차
힘겨운 고독의 시간에 머문다

이해받고 싶으면서도
이해받는 순간
더 깊이 아파지는 역설 속에서

나는 결국
이 고통을 스스로 견디며
살아가야 한다

언젠가는
그 다정함을 따스함으로
다시 느낄 거라는 희망을
마음 한구석에 조용히 숨겨본다

사랑이 끝나도 남는 게 있다
지워져도 사라지지 않는 것이 있다

다정함이 사라진 자리에는
그리움이 다가와 머문다

이해하지 못한 마음
건네지 못한 말

지나간 사랑이 남긴 흔적들은
결국 그리움이라는 이름으로
조금씩 익숙해질 뿐이다

버린다고 가벼워지진 않아

그녀의 모든 것을 버렸다.
손때 묻은 머플러
오래된 사진
손가락을 감싸던 반지
함께 걷던 거리의 기억까지도…

흔적을 정리 때마다
마음 한구석이 아릿하게 저려왔다.

사진을 지울 때
화면 속 미소가 한순간에 사라졌다.

머플러를 마지막으로 만져볼 때
익숙했던 향기가 잠시 머물렀다가 이내 흩어졌다.

그녀가 직접 만들어준 반지를 산에 묻을 때
땅에 묻혀 잊히고 싶지 않다는 반지의 비명이
오래도록 귓가에 맴돌았다.

하나씩 치워낼수록 마음도 가벼워질 줄 알았다.
하지만 끝내 남겨진 것은 그녀의 자취가 아니라
그 미련을 없애기 위해 애쓰는 나 자신이었다.

지우려 할수록 감정은 반항하듯
더 또렷하게 그녀를 되살려냈다.
버린다고 괜찮아질 거라는 생각은 착각이었다.

지운다는 건 없앤다는 뜻이 아니다.
그 자리에는 결국…
지우려 애쓰는 내가 남겨졌다.

치우려 하면 할수록
그 기억에 사로잡힌 나.
나를 부정하는 내가 남겨졌다.

사랑이 끝났다고 해서
그 모든 게 사라지는 것은 아니었다.
나의 의식은 그 끝마저 기억하고 있었으니까.

나는 여전히 그날의 그 현장에 있었다.

잊으려 한다는 건
망각이 아니라 기억과 함께 살아가는 방식일지도 모른다.

지우려 했지만
내가 사라지지 않는 한 남아있는 그림자처럼
그녀는 여전히 내 안에 살아 있었다.

어떤 기억은
사라지기 위해 오는 게 아니라
남기 위해 시간을 견딘다.

다정함이 사라졌다

처음에는 누가 먼저 연락을 해야 하는지 중요하지 않았다.
누가 먼저라고 할 것 없이 아무 때고 연락해도 몇 시간씩
통화를 주고받는 것이 일상이었으니까.

우리는 서로의 일상에 스며들었다.
별다른 약속도 다짐도 없이.

선거 때문에 갑작스러운 공백이 있었다.
한 사람을 뽑는 선거가 아니라
역사의 가치를 지키기 위한 물러설 수 없는 싸움이었다.
나는 치열한 단일화 협상과 회의로 하루를 보내야만 했고
그 사이 그녀와의 모든 통화와 만남은 무기한 미뤄졌다.

언제부터였을까. 걸려오던 전화가 멈췄다.
내가 먼저 연락을 하지 않으면 하루가 지나고 이틀이 지나도
그녀에게서 아무런 소식이 없었다.

익숙했던 대화가 사라졌다. 당연했던 연락도 멈췄다.
그녀와의 대화 속에서 나라는 존재를 확인하며 살아왔지만
그 응답이 멈추자 나는 흐려지고 있었다.

어느 날부터는 전화를 걸어도 긴 신호음만 이어졌다.

뚜- 뚜-
아무런 응답 없는 그 소리.

화면에 '통화할 수 없음'이라는 짧은 문장이 뜨기도 했다.

그동안 그녀의 SNS에는 낯선 밤하늘과 외로움을 이야기하는
사진과 글귀들이 올라오며 나의 불안감을 키웠다.

이따금 통화가 연결될 때도 있었다.
그러나 들려오는 건
"피곤해서 무음으로 해놨어"라는 건조한 말 뿐이었다.

아무렇지 않게 길게 나누던 안부가
'응', '그래', '잘 지내'
이 간단한 몇 글자로 마무리가 되었다.
만나자는 말도 무심하게 던지던 농담도 모두 사라졌다.

그녀는 문을 닫고 있었다.
어쩌면 이미 나를 포기하고 있었는지도 모른다.

다정함이 사라진 자리에 남은 건
혼자라는 사실보다
함께 있으면서도 혼자임을 자각하는 시간이었다.

가장 잔인한 침묵의 이별은 그렇게 시작되었다.
아무런 이유도 없는 견디기 힘든 형벌처럼…

익숙했던 것들이 하나둘 사라지고
남은 것은 읽지 않는 메시지
그리고 함께 그리던 삶의 의미였다.

끝내 다 알지 못해도

그녀의 마음을 알고 싶었다.
말끝에 스친 숨결 짧게 머물다 사라진 표정의 잔상과
무심한 눈길 뒤편에 숨어 있던 그림자까지.

조금만 더 가까워지면
조금만 더 기다리면
그 마음에 닿을 수 있으리라 믿었다.

끝까지 믿고 싶었다.

그러나 어떤 진실은 시간이 한참 흐른 뒤에야 얼굴을 드러냈고
어떤 마음은 침묵의 틈짜기 어딘가에 머물렀다.

'그녀의 마음이 멀어진 이유가 나 때문은 아니었을까.'

그렇게 자책하며 시간을 흘려보냈다.

이해하고 싶은 마음과 끝내 알 수 없는 진심 사이에서
나는 자꾸만 흔들렸다.

'그 안에 내가 없는데 나 혼자만 사랑하고 있었던 건 아닐까.'
그 불균형이 두려웠다. 그래서 묻지 않았다.

사랑은 이해가 아니라 기다림이라고 믿었다.
모두를 이해하지 못해도 그 곁에 남는 것
그게 진정한 사랑이라고.

하지만 그것은 그녀를 이해하기 위해서가 아니라
흔들리는 내 마음을 다독이기 위한 것이었다.
그녀가 나를 떠나고 있다는 진실을 마주할 수 없었다.

모든 것이 사라진 뒤
나는 더 이상 그녀의 마음을 알고 싶지 않았다.
그 마음을 헤아릴 힘도
내가 왜 이 자리에 남았는지도 더는 궁금하지 않았다.

모든 것을 이해하지 못해도 곁에 머물려는 마음은
결국 그녀를 잃고 싶지 않았던 나의 망설임이었다.

사랑은 이해하는 일이 아니라
이해받지 못해도 곁에 머무는 결심이다.

끝내 다 알지 못하면서도 곁에 남았던 건
그녀의 뒷모습이 남길 그림자를
감당할 용기가 내게 없었기 때문이었다.

이것은
누군가의 곁에 남고자 했던
나의 간절함과 두려움
그 모든 흔들림의 기록이다.

그리고
저물어가는 노을빛처럼
사라져 간 마음의 잔상이기도 하다.

울지 않았다
애써 삼켰고 애써 견뎠다

떠나는 뒷모습 앞에서도
끝내 꺼내지 못한 말들 앞에서도
그저 조용히
아무 일도 없었던 것처럼
아무렇지 않은 척 버티고 있었다

그러나 지금
터질 듯한 이 가슴 앞에서
더 이상 견딜 수 없었다

참았던 말들이
참았던 눈물이
한꺼번에 쏟아져 내렸다

눈물은
끝내 닿지 못한 마음의 얼굴이었다

그리움은 견디는 게 아니야

그녀와 함께했던 시간은 모두 지나가 버렸지만
그 흔적은 여전히 내 안에 머물러 있었다.

사랑이 떠난 자리엔
아무 말도 하지 못한 마음 하나가
가슴 한편에 가라앉아 있었다.

"잊어야 해."
"시간이 해결할 거야."

하지만 내 마음은 귀를 기울이지 않았다.
틈만 나면 고개를 들었고
아무렇지 않은 척했던 마음에
작은 파문을 남겼다.

그것은 그리움이었다.

사진을 지우고 기억을 덮어도
마음은 자꾸 그녀가 있던 자리로 흘러들었다.

그것은 그녀만을 향하지 않았다.
그녀와 함께 웃던 순간들
음악을 따라 부르며 고개를 흔들던 시간들
잠들기 전 나에게 건넸던 낮은 목소리
그 모든 것들이 삶의 일부처럼 나를 감싸고 있었다.

그때의 사랑은 감정이 아니라
내가 하루를 살아내던 숨결 같은 것이었다.

그리움은 흘러가는 것이 아니었다.
마음 어딘가에 고여
밀려왔다 사라졌다를 반복하는 파도와 같았다.

시간이 지나서야 알게 되었다.
그리움은 잊는다고 끝나는 것이 아니라
천천히 익숙해져야 하는 일이라는 것을

그리움은 완성되지 못한 사랑이 남긴
기억의 풍경을 바라보며 가지는 참회의 시간이었다.

그리움은 과거가 아니라
지금 이 순간
내가 누구인지 말해주는 감정이다.

함께 살아냈던 시간처럼 익숙해지는 것
그것이 어쩌면
잊는다는 말의
진짜 의미일지도 모르겠다.

잃어버린 사랑을
다시 찾을 수 없지만
그 위에 쌓인 시간들은
우리를 조금씩 바꿔놓는다

떠나간 사람도
사라진 감정도
완전히 지워지지는 않는다.

하지만 그 빈자리에
스며드는 작은 숨결들

그리움은
남겨진 흔적이 아니라
다시 나를 살아가게 하는
아주 은밀한
시작일지 모른다

남겨진 사랑

마치 봄날의 바람 같았다.
맑게 닦인 창을 스쳐 내 손등에 내려앉던 바람처럼
그녀는 거친 내 삶에 선물처럼 다가왔고
설렘에 눈먼 내 마음을 훔쳐갔다.

매일 도착하는 한 줄의 문자.
'오늘도 잘 지냈어? 사랑해.'
그 짧은 안부 하나가 하루의 지친 어깨를 가볍게 했다.

하지만
운명처럼 믿었던 그녀는 스치듯 지나간 우연이었다.
영원히 함께 할 거라 믿었던 그녀는
내 마음에 거친 물살만을 남긴 채 사라졌다.

그녀가 떠난 자리.
내 몸은 여전히 그녀를 기억했다.

그녀의 이름을 입에 올릴 때마다
목울대가 타들어갔고
함께 걷던 길목을 지날 때마다
아릿한 통증이 발끝까지 내려앉았다.

그리움과 기다림이란 이름 아래
나는 나를 갉아먹었다.
밤이면 불 꺼진 방 안에 웅크려 앉아
손톱이 살을 파고들 때까지 나를 움켜쥐었다.

숨 쉬는 일조차 버거웠다.

심한 스트레스로 불규칙하게 뛰는 심장박동.
누군가 흥얼거리는 노래 한 구절에도 그녀가 생각났다.
아무 때고 울컥해지는 마음에
거리로 나서는 것조차 쉽지 않았다.

사람들에게 아무렇지 않은 척 웃는 얼굴 뒤로
삶이 조금씩 희미해지고 있었지만
나는 여전히 그녀를 붙잡고 있었다.

차라리 깨끗이 잊힌다면 덜 아플 텐데...

남겨진 나는
영원히 끝날 것 같지 않은
고통스러운 감정과 함께 살아가고 있었다.

이별은
떠난 사람을 놓는 일이 아니라
남겨진 자신을 받아들이는 일이다.

그녀를 잊기 위해 견뎌야 했던 시간은
그녀를 사랑했던 시간보다 더 오래
더 깊게 나를 찢어놓았다.

시간은 상처를 덮어주지 않았다.
그저 매일 반복되는 고통에
매일 새로운 이름을 붙이게 할 뿐이었다.

그녀가 떠나버린 차가운 방 안에는
식어버린 커피잔 하나만 덩그러니 책상 위에 남아 있었다.

스쳐가는 바람은
기억조차 남기지 않고
아무렇지 않게 지나간다

남겨진 마음만이
작은 떨림으로
긴 하루를 건너고

그 마음의 불씨가
비워진 자리를
은은하게 비춘다

남겨진다는 건
견디는 것이 아니라
익숙해지는 일임을

그리고 그 익숙함 끝에
다시 웃을 수 있는
내가 있기를

아직 감각이 남았다

가장 먼저 비워지는 건 마음이었다.
하지만 가장 늦게 반응을 멈춘 건 내 몸의 감각들이었다.

이별은 몸에 내 몸에 남겨진 반응과도 하나씩 멀어지는
과정이었다.

이성은 내 곁에 그녀가 머물지 않는다는 걸 알고 있었지만
내 몸은 여전히 그녀를 향해 반응하고 있었다.

아무도 기대 주지 않는 팔의 헛헛함이
길을 걸을 때마다 텅 빈 무게처럼 따라왔고
시선은 방향을 잃은 채 허공에 멈췄다.

밤이 되면 내 몸은 그녀를 더 그리워했다.
그녀에게 길들여진 내 몸의 감각들은 습관처럼 남아
닿지 않는 그 자리를 찾아다니고 있었다.

그녀의 웃음에 따라 올라가던 내 입꼬리
어깨에 닿을 때마다 기울어지던 몸
눈빛이 스칠 때마다 편안해지는 마음
그녀에게 중독된 내 몸은 아직 그 감각을 잊지 못했다.

그녀 비슷한 향기가 스치기라도 하면 멈추는 발걸음.
함께 듣던 음악이 어디선가 들리면
나도 모르게 귀를 기울이며 멍해지는 눈빛.

의식이 지나친 것을 내 몸의 감각은
조그만 흔적에도 그녀를 떠올리고 있었다.

이성은 이제 그만 그녀를 잊으라 말하지만
내 몸은 그 말에 순순히 응한 적이 없었다.

감각은 그렇게 이성과 분리되어
자기만의 방식으로 그녀를 되새기고 있었다.

누군가를 떠나보낸다는 건
길들여진 자신과도 작별하는 일이다.

나는 그녀를 떠나보낸 순간보다
그녀가 없음에도 그녀를 그리워하는

내 몸의 감각을 회복하는데
훨씬 더 많은 시간을 들여야 했다.

사라진 관계보다 오래 남은 것은
그 안에서 형성된 내 몸의 습관이었다.

감각은 감정의 궤적이 되어
내 몸 안에서 아직도
그녀의 흔적을 남기고 있었다.

감정은 사라져도
내 몸의 감각은 끝내 남겨진 채
아직도 그녀를 사랑하고 있었다.

킨츠키를 아시나요

변하지 않을 것 같은 관계도 언젠가는 틈이 벌어진다
진정한 사랑은 상처를 덮지 않고
그 상처를 함께 바라보려는 태도에서 시작된다

***

틈이 생긴 자리도 외면하지 않고
그 안에 깃든 마음까지 어루만지려는 손길.

끝까지 지켜야 할 사랑의 마지막 존엄은
바로 그 다짐 안에 있다.

사랑에 실패하는 많은 이들은
벌어진 상처를 외면한 채 설렘으로 덮고 기대로 감춘다.
하지만 외면한 상처는 결국
관계를 파괴하는 날카로운 조각이 된다.

한번 균열이 간 마음은
주고받는 말과 눈빛에도 어긋남을 남긴다.
말하지 않아도 통하던 마음이
말하지 않으면 닿지 않고
마주 보던 시선은 서로를 스쳐 지나간다.

***

멀어지는 마음 앞에서 나는 한동안 멈춰 서 있었다.
하지만 나는 믿었다. 깨어진 마음도 의지만 있다면
'킨츠키'처럼 다시 이어 붙일 수 있으리라고.

일본의 도자기 복원 기법 '킨츠키'
깨진 그릇의 틈을 금가루로 메워 더 귀한 무늬를 만든다.

나는 사랑도 그런 손길이 닿는다면 멀어진 마음도
다시 이어 붙일 수 있으리라 생각했다.

하지만 사랑은 반짝이는 무언가로 채운다고 완성되지 않았다.
가린다고 해서 상처가 없었던 것처럼 되지도 않았다.

사랑이란 서로의 고통을 가려주는 것이 아니라
고통을 공유하려는 선택이다.

사랑이 가장 고귀해지는 순간은
깨진 자리를 감추려 애쓸 때가 아니라
그 틈을 있는 그대로 껴안으려 할 때다.

기대를 채우는 것보다
부족함을 견디는 데 더 많은 용기가 필요하니까.

사랑은 완성된 채 다가오지 않는다.
함께 아파하고 끝까지 마주 보려는 두 마음이 있었을 때
비로소 사랑이라 불리며 완성할 자격을 얻는다.

상처는 부끄러운 자국이 아니다.
포기하지 않고 끝까지 이어 붙이려 애쓴 흔적이다.

금이 간 틈 위에라도
흔들리지 않는 마음을 남기는 것.

끝까지 견디며 함께하는 마음
그것이 사랑이 아니라면
사랑은 대체 무엇으로 완성될까.

그녀의 목소리가 사라졌다

그녀의 얼굴은 여전히 또렷하게 남아 있다.

웃을 때마다 살며시 올라가던 입꼬리
기분 좋을 때 무심히 흔들리던 어깨
신나 하던 말투와 손끝에 남아 사라지지 않는 그녀의 체온
모두 내 안 어딘가에 남아 있었다.

그런데 이상하게 그녀의 목소리만 기억나지 않는다.

나를 부르던 낮은 음색
안심을 건네던 조심스러운 말투
내 이름을 불렀던 짧고 따뜻했던 떨림 하나
사랑을 전달했던 그녀의 음성은 지금 내 안 어디에도 없다.

늘 곁에 있었기에 잊지 않으려는 마음조차 품지 못한 걸까.
항상 가까이 있던 것은 영원히 그 자리에 있을 줄 알았다.

익숙함은 가장 가까웠던 것부터 하나씩 지워갔다.
언제나 곁에 있는 것은 언제나 가장 먼저 잊힌다.
익숙함은 기억의 적이니까.

가장 익숙했던 그녀의 목소리였지만
가장 먼저 잃어버린 건 나를 부르는 그녀의 목소리였다.

그녀의 목소리가 사라진 자리엔
그리움이 자꾸 말을 걸고 있었다.

당신은 이제 혼자 걷지만
당신의 웃음은
여전히 당신 곁에 머물고 있습니다

지나간 그리움이
시간을 되돌릴 수는 없지만
당신에게 남겨진 마음은
당신이 다시 살아갈 힘이 됩니다

그러니 잊으려 애쓰지 마세요
애써야 할 것은

당신 자신을
조금 더 다정하게
안아주는 일입니다

너는 멀어졌고 나는 깊어졌다

평일 점심시간
회사 근처 식당에서 회덮밥을 주문했다.
별다를 것 없는 하루
그저 허기를 채우려던 식사였다.

알싸한 회덮밥 맛에 문득
그녀와 함께 갔던 을왕리 바닷가의 낡은 식당이 떠올랐다.

그날 먹은 물회 한 그릇
얼얼한 국물에 서로의 숟가락이 부딪치며 미소 짓던 순간들
그날의 기억이 회덮밥 한 그릇 위로 겹쳐졌다.

갑자기 입맛이 사라졌다.
무거운 감정이 복받쳐 올라왔고
결국 몇 숟갈 뜨지도 못하고 식당을 나왔다.

그날 그녀가 바닷가에서 했던 말들은 기억나지 않았다.
물회 한 그릇을 말아주며 나를 바라보던 그 눈빛과
물회의 알싸한 맛만 어른거렸다.

일상마다 그녀의 모습이 자꾸 겹쳐진다.
사랑이 끝나서 끝난 것인지 그저 익숙한 내 일상이
사라져서인지… 나는 알 수 없었다.

하지만 분명한 것은 그녀의 일상에는
더 이상 내가 없었지만
나의 일상은 여전히 그녀를 지나고 있다는 것이었다.

밥 한 그릇을 마주하면서도
내 안을 건드리는 감정이
그리움인지, 미련인지‥ 잘 모르겠다.

누군가는 사랑했다가 이별을 준비하고
누군가는 이별 이후에
그것이 사랑임을 깨닫고 사랑을 시작한다.

하지만 미련이든 그리움이든
멀어진 시간을 되돌릴 수는 없다.

추억은 아프지 않았다.
아픈 건 그녀의 기억 속에서
더 이상 내가 불리지 않는다는 사실.
그리고 내 작은 일상이 여전히
그녀를 떠올리고 있는 현실이다.

그렇게 나는 그녀의 부재보다
더 깊은 침잠 속에 머물렀다.

떠나간 너는 더 멀어졌고
남겨진 나는 더 깊어졌다.

03.
미련

부재의 시간은
나를 비추는
거울이었다

그녀가 사라진 자리에
끝내 전해지지 못한 마음만이 머물러 있었다

시간은 어제와 다르지 않게 흘렀고
알람은 익숙한 소리로 하루를 깨웠다.
그녀를 향해 열려 있던 빈자리는 여전히
누군가를 기다리고 있었다

정지된 풍경 안에서 나의 감정만이 천천히 움직였다
닫혀 있던 마음의 문들이 하나씩 열리고
그 아래 오래 눌려 있던 감정들이
가만히 나를 스치고 있었다

상실은 단지 누군가를 잃는 일이 아니었다.
그녀는 떠났지만 더 낯설었던 건
그 없이도 살아가고 있는 낯선 나였다

남겨진 일상은 나를 전혀 다른 시선으로 비추었고
나는 그 부재의 풍경 속에서 비로소
내 존재의 윤곽을 또렷하게 목격했다.
상실의 끝에서 나는 처음으로 나를 마주했다

침묵은 끝이 아니라
흩어지지 못한 마음의
또 다른 이름이다

사랑은 사라져도
그리움은 쉽게 사라지지 않는다

이별은
그녀와 멀어지는 일이 아니라
남겨진 나와 다시 살아내는 일이다

연락하지 않는 이유? 사실은 그리워서야

휴대폰을 손에 쥔 채 아무것도 하지 못하고
멍하니 앉아 있는 밤이 많아졌다.

불 꺼진 방
미지근한 휴대폰 배터리의 온기만이
내가 아직 이 자리에 머물고 있다는 걸 말해주었다.

연락하지 말아 달라는 너의 문자.
그날 이후 나는 먼저 연락하지 않았다.
아니, 더 정확히 말하자면

'하지 못했다.'

보고 싶다는 말이 목 끝까지 차올랐지만
너의 이름 앞에서 손끝은 멈춰버렸다.
화면을 열었다 닫기를 반복하며
문자 메시지 전송 버튼 앞에서
숨을 고르는 밤들이 쌓이고 쌓였다.

'잘 지내?'

그 짧은 세 글자를 보내기 위해 견뎌야 할 침묵과
돌아오지 않을 공백은 생각보다 훨씬 무거웠다.
보내지 못한 말들이 차곡차곡 쌓이고
전해지지 못한 감정들은 방 안 먼지처럼 가라앉았다.

나는 너를 부르지 않으면서도 부르고 있었다.
누르지 못한 전송 버튼 위로
흘러가지 못한 안부가 지워진다.

망설임은
마음 가장 깊은 곳에 지금도 남아 있다.

너 없는 시간 속에서도
너에게 말을 걸었다.
곁에 없는 너를 향해 혼잣말로
안부를 묻는 밤.

끝이라는 말보다 더 두려운 건
아무 말도 하지 않은 채 흘러가는 시간이었다.

너는 모른다.
아무 말도 하지 않는 이 시간들이
너를 가장 깊이 부르고 있었다는 걸.

아무것도 보내지 못한 채
휴대폰 화면단 바라본다.
오늘도 네 이름 앞에서 멈춰 선다.

말하지 않는 건 포기해서가 아니라
아직 마음이 거기 있기 때문이다.

그리움은
오늘도 전송되지 않은 채
마음속 가장 깊은 곳에 남겨졌다.

왜였을까, 침묵의 이유는

사람을 잊는다는 건
그 사람을 놓아주는 일이 아니라
한때 이해하려 애쓰던 마음을
더는 움직이지 않게 묶어두는 일인지도 모른다.

잠들기 전 유튜브에서 낯선 목소리에 귀를 기울인다.

'이별을 견디는 법'
'그 사람의 속마음'
'연락이 오지 않는 사람 심리 분석'

이별을 감지한 유튜브 알고리즘이
내 감정들을 멋대로 검색해서 대신 설명해 준다.
하지만 아무리 들어도
그녀가 남긴 침묵의 이유를 해석해주진 못했다.

불안한 마음을 내려놓고 싶었다.
점심시간에 회사 근처 타로 점집을 찾았다.
펼쳐진 카드 한 장이 다시 만날 수 있다는 희망을 내민다.
운세 한 줄이 그녀의 마음이 아직 내게 남아 있다고 속삭인다.

그렇게라도 믿고 싶었다.
그녀의 마음이 완전히 사라지지 않았기를…

익숙한 풍경마다 자꾸 그녀가 겹쳐 보였다.
그녀는 이미 멀리 갔는데 나는 여전히
그 여운을 지워내지 못했다.

하루에도 몇 번씩
되돌아오지 않을 그녀를 이해하려 애썼다.
그럴수록 그녀의 침묵을 이해하려던
내 마음이 점점 지쳐갔다.

***

오늘도 손가락은 무의식처럼
또다시 유튜브를 눌렀다.
이젠 기대가 아니라 습관이 된 미련이었다.

강요된 내 침묵은 하나의
감정만으로 설명할 수 없다.
그 안에는 분노와 절박함도 있었다.
상처받을까 봐, 상처를 줄까 봐 침묵하는 것뿐이다.

말하지 않는 건 감정이 없어서가 아니라
너무 많아서 단 하나도 꺼낼 수 없기 때문이었다.
때로는 체념이 때로는 무력감과 애증이
미련과 원망을 뒤엉키게 하며 아무 말도 할 수 없게 만든다.

침묵은 아무것도 하지 않으면서 모든 것을 감춘다.
사랑이 끝났음을 인정하지 못하고
끝내 마음을 가슴 깊이 묻어두는 일
그것이 침묵이었다.

***

'혹시, 나만 이런 걸까.'
'그녀도 같은 밤을 보내고 있을까.'

시간은 앞으로 흘렀지만
내 마음은 여전히 뒤를 향하고 있었다.

나는 사랑을 잃고 나서야 사랑을 이해하려 들었다.
왜 떠났는지, 왜 끝내 침묵했는지
이 모든 '왜'는 답을 얻기 위한 질문이 아니다.
이제는 미련조차 포기하고 싶어서 묻는 것이었다.

이해하지 못한 이별은
모든 것이 지나간 뒤에도 말없이 남아 있었다.
가장 깊은 곳에서 나를 흔들면서…

침묵은
때로 분노였고 때로는 체념이었다.

침묵은
사랑과 미움이 뒤섞인 시간들.
말로는 다 할 수 없는 마음의 가장자리.
아무 말도 할 수 없는 밤의 끝자락이었다.

사랑, 가장 먼 고요의 바다

고요는 사라짐이 아니라 감정이 가장 깊이 잠드는 공간이었다.

사랑이 끝났을 때 모든 감정이 멈추었다고 믿었다.
나는 고요함이라는 이름의 낯선 공허 속에 머물렀다.

그러나 그 공허 속으로
사라진 줄 알았던 감정들이 채워지고 있었다.

영화 *Interstellar*의 'First Step'.
거대한 우주의 허공을 가르는 파이프오르간의 음이
묵직한 장송곡처럼 내 안에 울려 퍼졌다.

음악이 아니라 어둠을 통과해 도착한 빛의 파동 같았다.
그곳에서 다시 돌아오지 않을 사람의 뒷모습을 보았다.

'그 사람은 지금 어디쯤 떠다니고 있을까.'

그날 그곳은 우리가 함께한 마지막 카페였다.
창밖에는 어둠이 깔리고 있었고
테이블 위에는 뜨거운 커피 한 잔과
녹아내리는 아이스크림이 나란히 놓여 있었다.

그날 그녀는 내게 자신의 옆에 앉으라고 말했다.
"무슨 일 있어?" 라고 물었지만
그녀는 불편한 웃음을 지으며 고개를 가로저었다.

그 미소가 작별의 의미였다는 것을 그때는 알지 못했다.
카페를 나서던 그녀의 뒷모습이 유난히 멀게 느껴졌다.

어둠이 내려앉은 도로.
집으로 돌아가야 할 길은 여전히 멀었다.
차 안에는 차가운 침묵만이 흐르고 있었다.

그 순간 내 안에 있던 불안의 한 조각이 떠올랐다.

'혹시 내가 이 사람에게 짐이 되는 건 아닐까.'

집에 돌아와 불 꺼진 방에 앉았을 때
'First Step'의 마지막 선율이
이어폰을 통해 내 안에 울리고 있었다.

***

사랑은
끝나는 순간에 사라지는 것이 아니라
끝난 후에야 비로소 울리는 파동이었다.

나는 그 어지러운 파동을 매일 견뎌내야 했다.
돌이킬 수 없는 기억들이 아직 그 안에서 흔들리고 있었다.

그날 이후 나는 거의 잠만 잤다.
감당할 수 없는 슬픔을 견디지 못한 몸이
스스로를 살리기 위해 스위치를 내려버렸다.

그녀의 우는 모습은 보지 못했다.
작별을 고하지도 않았다.
어떤 말도 없이 모든 감정을 순식간에 끝내버렸다.

완벽한 침묵만이 남았다.
그 침묵은 잔인했다.
갑작스러운 이별에 나는 슬퍼할 틈도 없이 꺼졌다.

그래도 사랑이었기를 믿고 싶었다.
나는 그녀의 침묵이 끝나길
다시 사랑이 시작되길 기다렸다.

하지만 시간은 내 마음을 돌아보지 않았다.
흘러가는 대신
희망이라는 이름의 고문으로
나를 서늘한 현실에 옭아맸다.

그녀의 사랑은 분명 사라졌지만
나의 희망은 끝내 멈추지 않았다.

그 부질없는 희망은
침묵의 빈 공간을 따라
더 멀리 더 깊게 번져갔다.

아무 말도 닿지 못하는 거리 너머
그 고요의 바다로.

이별연습

이별은 끝나는 일이 아니라
매일 다시 살아내야 하는 삶의 방식이었다.

상실감은 하루도 거르지 않고 밀려왔고
나는 매일 조금씩 이별에 익숙해지는 방법을 익혀야 했다.

***

1일 차
뒤척이다 잠에서 깨어 이불 가장자리에 손을 뻗었다.
그녀가 사라진 자리.
그 자리엔 공허만이 남아 있었다.

손끝에 닿은 것은 아무것 없었다.
텅 빈 이불 위로 손끝만이 허공을 더듬었다.

다시 눈을 감았다.
꿈이기를 바랐다.
그러나 기억은 잠보다 깊었고
그 어떤 꿈보다 선명했다.

오후의 카페
습관처럼 두 잔의 커피를 주문했다.
그녀가 오지 않을 걸 알면서도
비어 있는 자리를 외면하지 못했다.

테이블 위 한 모금도 마시지 않은 머그잔 하나가
그녀의 부재를 조용히 증명하고 있었다.

7일 차

휴대폰을 들었다.
그녀의 이름이 스쳐가기만 해도 손끝이 먼저 반응했다.

연락하지 않겠다고 다짐했지만
그리움은 늘 손보다 빨랐다.

떠나간 사람을 그리워하는 마음은
이미 사라진 시간을 붙잡으려는 손짓 같았다.

다시 휴대폰을 내려놓았다.
무거운 손끝이 허공을 맴돌았다.

오래전 사두었던 책을 꺼냈다.
첫 문장을 읽으며
그리움이 나를 삼키지 않기를 바랐다.

그러나 활자들은 흩어졌고
페이지를 넘길수록 떠오른 것은
잊은 줄 알았던 그녀의 눈빛이었다.

결국 보내지 못할 문자를
다시 쓰고 지우기를 반복했다.

그 사람은 없었지만
내 마음은 여전히 그에게 머물러 있었다.

***

15일 차

이 주가 흘렀다.
이성은 이별을 받아들였지만
감정은 아직 그 문 앞에 서 있었다.

흐려질 줄 알았던 기억은
시간이 지날수록 더 단단해졌다.

나는 손을 놓았다고 믿었지만
가장 아픈 부분을 여전히 꼭 쥐고 있었다.

그 손아귀에 남아 있던 건 이별이 아니라
미련이었다.

창밖에는 가을비가 내리고 있었다.
빗소리에 기대어
잠시 마음을 달래 보려 했지만
그리움은 빗물처럼
창문을 타고 흘러내렸다.

***

30일 차

한 달이 지났다.
우연히 들려온 이별 노래가
가슴을 조용히 저며왔다.

함께 걷던 길목에서 발이 멈췄다.
그녀의 존재는 시간이 지날수록
더 짙은 그림자가 되었다.

그날 밤
처음으로 참지 못하고 눈물이 흘렸다.
그리움이 파드처럼 밀려와
베갯잇을 적셨다.

그 사람을 불러보았지만
대답은 오지 않았다.

나는 살아간다기보다
그 그림자 속에서 방향을 잃은 채
그저 버티고 있었다.

하루는 더 이상 삶이 아니라
고통스러운 견딤의 반복이었다

***

60 일 차

두 달이 지났다.
기억은 가끔 떠오르는 것이 아니었다.
공기처럼 매 순간 나를 감쌌다.

그녀는 한때 나의 전부였고
나는 그 세계에 스스로 갇힌 죄수처럼 살아가고 있었다.

이별은 새로운 시작이라 했지만
나는 아직 시작점에도 닿지 못한 채
제 자리만을 맴돌고 있었다.

창가에 놓인 작은 화분이
잎을 하나 더 틔웠다.

그 작은 변화를 보며
내 마음도 아주 조금은 가벼워지길 바랐다.

화분에 물을 주며
내 마음도 조금 적셔본다.

***

90일 차

벌써 세 달이 지났다.
우연히 마주친 그녀의 흔적 앞에서
또다시 멈춰 섰다.

그때의 사랑이 아름다웠음을 인정했지만
그 기억은 여전히 나를 휘감았다.

그날은 일부러
평소와 다른 길로 걸었다.

익숙한 풍경이 낯설게 느껴졌다.
아주 잠깐
그리움이 덜 아프게 느껴졌다.

나는 앞으로 걸어가야 할 사람임을 알았지만
그 길의 입구가 어디인지
아직은 보이지 않았다.

나는 여전히 이별한 사람으로 살아가고 있었고
그 정체성은 내 모든 하루를 정의했다.

그녀의 부재는 사라진 것이 아니라
계속해서 내 안에 존재하는 방식이었다.

120일 차

네 달이 지났다.
나는 웃는 법을 다시 배워야 했다.
그러나 웃음은 아직 내 얼굴에 낯선 표정이었다.

다시는 돌아보지 않겠다고 말했지만
여전히 지나간 풍경 안에 머물러 있었다.

나는 이별을 극복한 것이 아니라
이별을 연습하는 매일을 살아가고 있었다.

그리움은 연습으로 사라지지 않았다.
잊으려 하면 할수록
마음속으로 더 깊이 파고들었다.

고통은 반복으로 무뎌지는 것이 아니라
내면 안쪽에 틈을 만들며
눅진하게 번져왔다.

창가의 화분에 작은 꽃이 피었다.
한참을 그 꽃을 바라보았다.

아직은 완전히 괜찮지 않지만
그 또한 내 삶의 일부임을 받아들이기로 했다.

오늘도 또 한 번 이별을 연습한다.
그리움은 잊히는 것이 아니라
그렇게 살아가는 방식이 되어 가고 있었다.

몇 번의 사랑, 몇 번의 이별

사소한 오해에 등을 돌리고
돌아서서 다시 그녀의 눈길을 그리워했다.

이제 그만 포기하고 싶다가도
나를 다정하게 어루만지던 그 손길을 잊지 못했다.

이별을 예감하면서도
'사랑'이라는 감정만 계속 되뇌었다.

그렇게 한 사람과
몇 번의 사랑과 몇 번의 이별을
마음속에서 수없이 반복했다.

체념한 마음은 식어갔지만
그리움은 좀처럼 사라지지 않았고
미련이 짙어질수록 후폭풍도 거세졌다.

기억은 언제나
가장 빛나던 순간을 끝끝내 붙잡았다.

한강을 걸으며 가슴 떨리던 첫 데이트
마늘향이 남은 입술로 나눴던 서툰 키스
사소한 다툼 뒤에 겨우 손에 쥐었던 서로의 소중함.

수많은 말들이 잊히고 일상이 흐릿해져도
그 반짝이던 순간만은 오래된 필름처럼
마음 한가운데 남아 있었다.

어쩌면 사랑은
희미해져 가는 마음속에서
가장 빛났던 기억 하나만을 남기고
조금씩 멀어지는 것인지도 모른다.

이제는
서로를 바라보는 대신
서로를 바라보던 기억만이 남아
시간 속으로 천천히 가라앉는다.

그 기억의 잔결 속에서
나는 여전히
한 사람을 마음에 품고 있다.

그렇게
한 사람 안에서
몇 번의 사랑을 했고
몇 번의 이별을 했다.

그리고 오늘
또 한 번의 사랑과
또 한 번의 이별을
내 안에서 받아낸다.

기억은
잊으려 해도 잊히지 않고
붙잡으려 할수록
점점 멀어진다

마음 깊은 곳
이름도 없고 끝도 없는
작은 호수 하나가 있다

바람 한 점 없어도
언제나 흔들리는
내 안의 잔결을
나는 그저 바라보고만 있었다

비추는 대신 비켜주고 싶었다

누군가의 시선 속에서
살아남기 위해 애쓰던 날들이 있었다.

그들의 마음에 들고 싶어서 고개를 숙이고
표정을 조심스레 다듬었다.
그들의 빛이 닿는 쪽만 내어주며
아쉬움은 침묵 속에 감췄다.

버티며 살아내기 위해
내 존재의 결을 그들의 입맛에 맞게 깎아냈다.
그렇게 나는 조금씩
아주 조금씩 나를 지워냈다.

그건 살아남기 위한 선택이었지만
그 선택이 나를 서서히 무너뜨리고 있다는 걸
그땐 미처 알지 못했다.

어느 날
거울 앞에 선 나를 보았다.

익숙한 형태의 얼굴이었지만
그 어디에도 '나'는 없었다.

욕실의 밝은 조명빛은
생기 하나 없이 메마른 눈동자 위를 흘렀고
웃음은 마른 입꼬리에 억지로 걸쳐 있었다.

내가 입은 옷
내가 가진 말투
그저 누군가의 기대에 맞춰
내가 만들어낸 껍질뿐이었다.

그들이 나를 좋아하면
나는 괜찮은 사람인 줄 알았고
그들이 나를 잊으면
내 삶도 함께 지워지는 줄 알았다.

그 모든 시간은
스스로를 속이는 기만이었고
시선에 맞춰 살아낸
오랜 침묵의 위선이었다.

사랑하는 이의 시선도
애정인 줄 알았지만
그것조차 굴레였다.

그녀가 나를 바라보는 동안
나는 '잘 살고 있는 척'이라도 해야 했으니까.

그렇게 나는
사랑받기 위해 나를 억눌렀고
기억되기 위해 나를 지웠다.
인정받기 위해 나를 숨겼고
버려지지 않기 위해 나를 깎아냈다.

살아남기 위해
스스로를 포기하고 또 포기했다.

***

모두가 떠나버린 지금
나는 더 이상 누구의 시선에도
나를 맞추지 않기로 했다.

그들의 기대를 되비추는 거울이 되기보다
조금은 맑은 창이 되고 싶다.

누군가 나를 스쳐 지나가다
자기 안의 무언가를 들여다보고 싶을 때

내가 해줄 수 있는 가장 다정한 방식은
그 길에서 조용히
창 옆으로 비켜서는 일이다.

이제는 내가
누군가의 빛이 아니어도
괜찮을 것 같았다.

길을 잃은 게 아니라 나를 찾는 중입니다

세상의 소음이 멀어진 뒤에야
오랫동안 들리지 않던 숨결이
내 안에서 다시 깨어났다.

문득 내가 너무 멀리 와버렸다는 생각이 스쳤다.
앞만 보고 걸었다. 그런데 돌아보니 내가 없었다.

'어디서부터 잘못된 걸까.'
답은 떠오르지 않았고 마음만 제자리에서 맴돌았다.

걷고는 있었지만 어디로 가는지도 몰랐다.
속도는 목적이 되었고 방향은 사치처럼 느껴졌다.

무언가로부터 도망치듯 내달렸지만
그 끝에는 언제나 나 혼자였다.
나는 나를 잃고도 한동안은 모른 채 살았다.

모든 것이 미세하게 어긋나 있었다.
그러나 그 어긋남의 원인을
내 안에서 찾을 생각조차 하지 않았다.

삶은 점점 빗나가기 시작했고
비로소 알게 되었을 때는
이미 수습할 수 없는 모양이 되어 있었다.

내 삶은 방향을 잃고 있었다.
그것은 세상의 잘못이 아니었다.

내가 외면해 멀어진 시간들이
나를 길 밖으로 밀어냈다.

이제는 한 걸음조차 쉽게 내딛고 싶지 않았다.
그저 숨 쉬며 존재하는 일조차 버거웠다.

나는 더 이상
절벽 끝에 몰린 나를 몰아세우지 않기로 했다.

'나는 이제 아무것도 하지 않기로 했다.'

***

아무것도 하지 않는다는 건
길을 잃는 것이 아니라
더는 나를 놓치지 않기 위한 작은 저항이다.

멈춘 자리.
바람이 느리게 어깨를 스쳤다.
발끝에 쓸리는 흙먼지
들리지 않던 작은 소음들이
다시 귓가를 채웠다.

그 멈춤의 끝에서
말로 설명할 수 없는 감정들이 바람처럼 스쳐갔다.

어디로 가야 한다는 지시가 아니었다.
그것은 내가 아직 완전히 사라지지 않았다는 신호였다.

지금 여기
살아 있다는 단 하나의 감각

그것은 존재의 아릿함이 깨어날 때
비로소 느껴지는 통증과 같은 것이었다.

***

나는 삶을 포기하려던 그 순간
비로소 내 존재를 느꼈다.

어쩌면
길을 멈춘다는 건
다시 나를 찾기 위한
가장 용기 있는 선택일지도 모른다.

절망은
나를 버리려 할 때 찾아왔지만
멈춤은
나를 다시 품으려 할 때 찾아왔다.

오늘 멈춘 이 자리에서
나는 다시 나로 시작한다.

타인의 시선이 아닌
나 자신의 눈으로 나를 다시 보면서.

잠시 멈춰도 괜찮아
흘러가지 않는다고
삶이 멈추는 건 아니니까

바람도 쉬어가고
강물도 굽이치다 멈추니까

그리움도 고요해질 때가 있어
멈춤 속에 머물며
거울 속 너를 다시 한번 바라봐

너는
나를 잃지 않아야 하니까

남은 것은 기억이 아니라
돌아가야 할 나였다

외로움은 결핍이 아니라
내 안의 공백을 채우는 일이었다

나에게 사랑이란
누군가의 시선을 지나
끝내 나에게 도달하는 여정이었다

이별은 내 안의 미련과 헤어지는 일

그녀에게 돌아갈 수 없다는 사실보다
내 안에 남아 있는 미련과 마주하는 일이 더 힘들었다.

이별은 그녀를 기억에서 지우는 일이 아니라
되돌아갈 수 없다는 현실을 받아들이는 일이었다.

처음엔 그녀의 무관심을 애써 모른 척했다.
엇갈리는 시선과 낯선 침묵.
나는 그마저도 일상의 익숙함으로 덮고 외면했다.

내가 건넨 말에 돌아오지 않는 메시지와
내가 웃어도 따라오지 않는 웃음 속에서
사랑이 식어간다는 걸 부정할 수는 없었다.

진심이면 충분한 줄 착각했다.
하지만 다시 이어 붙이려는 마음은
금이 간 유리 위에 물감으로 덧칠하는 것만 같았다.

***

혼자 걷던 강변에 바람이 불었다.
가로등 불빛 아래 비치는 그림자는
두 개였다가 어느 순간 하나가 되었다.

발끝에 차이는 낙엽 소리가
함께 걸으며 들었던 그녀의 발자국 소리를
지워가고 있었다.

나는 오늘
그 기억의 발자국을 따라 걸으며
내가 누구였는지를 다시 떠올리고 있었다.

***

그리움은 희망이 아니라
그저 멈추지 못한 마음의 관성이었다.

붙잡고 있던 손에도
더는 버틸 힘이 남아 있지 않았고
다시 시작하고 싶다는 마음도
식어버린 불꽃을 되살리려 애써 불어보려는
덧없는 미련이었다.

되돌아갈 길은 처음부터 존재하지 않았다.
내가 건너야 했던 건 그 이별이 아니라
멀어진 후에도 남아 있는 내 안의 미련이었다.

미련은 이루지 못한 사랑의 아쉬움도 아니었다.
그것은 한때 사랑으로 나를 지탱하던
그러나 이제는 나를 침몰시키는
바람 빠진 구명조끼였다.

붙들고 있는 줄 알았지만
사실은 내가 붙잡혀 있었다.
사랑이 아니라
그 사랑 속에 스스로를 잃은 나를…

이별은 누군가를 떠나보내는 일이 아니라
사랑이라는 이름 아래 숨겨두었던
내 존재의 공백과 마주하는 일이었다.

누군가에게 잊힌 자리에서
나는 비로소
내가 얼마나 깊이 가라앉아 있었는지를 알게 되었다.

가라앉은 존재의 잔해 위에
나는 다시 나를 짓기 시작했다.
조금씩 아주 천천히.
그러나 분명히.

사라진 것은 사랑이었지만
끝내 남은 건
사라지지 않는 나였다

이별은 끝이 아니라
나를 되묻는 새로운 시작이었다.

잊지 않았다고 사랑하는 건 아니야

그녀는 내 휴대폰 사진 속에서 웃고 있었다.
이미 떠난 사람이지만
여전히 나만을 바라보는 것 같았다.

나를 비춰주던 빛 같았던 웃음
나를 아직 사랑한다고 믿고 싶은 마음이
아직 내 안 어딘가에 머물고 있었다.

***

우리의 사랑은 완성되지 못했다.
운명이라 말하며 다가온 그녀는
우연이라 말하고 떠나가 버렸고

우연이라 여겼던 나는
사랑이라 말하며 뒤늦게 손을 뻗었다.

진심도 때를 놓치면 집착이 된다.
집착하는 내 모습을 더 싫어할까 두려워
나는 그녀를 붙잡지 못했다.

***

기억은 여전히 그녀를 놓지 못했다.
하지만 지워지지 않는다고 사랑이라는 뜻은 아니다.
누군가를 오래 기억한다고 마음에 남아 있는 것도 아니다.
익숙했던 감정들이 가끔 그 자리를 다시 지나갈 뿐이니까.

가끔 그 익숙한 감정이 찾아와 문을 두드릴 때
나는 그녀의 이름을 쿨러본다.
그것이 이미 사랑은 아닐지라도…

***

잔을 들고 바라보는 낡은 창틀
길을 걷다 스쳐오는 익숙한 향기
라디오에서 흘러나오는 함께 듣던 노래
아직 내 손끝에 남아 있는 그녀의 따스했던 체온
그 모든 순간은
내 안을 스쳐간 그녀의 이름을 떠올린다.
기억은 '구체' 속에서 되살아난다

남은 흔적은
때로 아프고 때로는 따뜻하다.
나는 그 흔적을 외면하지 않고 그저 받아들인다.
그렇게 조금씩 나를 되찾아간다.

잊지 못한다그 사랑한다는 건 아니다.
그것은 그저 내가 지나온 시간의 일부일 뿐이니까.

흔적은 사라지지 않는다.
다만 그 자리에 머물던 마음이
조금씩 나를 놓아주는 법을
배워가는 중이니까.

이별은 지워내는 일이 아니라
남겨진 의미를 스스로 다시 써 내려가는 일이다.

괜찮지 않아도 괜찮아

삶이 벅차서 도망치듯 멈추고 싶었던 날이 있다.
그 마음은 포기가 아니라
다시 나로 돌아가려는 숨결이었는지도 모른다.

어떤 아픔은 너무 오래 곁에 머물러
상처인지조차 모른 채 그저 무심히 건너가기도 한다.

'힘내요'라는 말은
이미 힘겹게 견디고 있는 사람에게 당신의 힘으로만 버티라는
통보처럼 들릴 때가 있다.

위로라는 이름 아래 그 고단함을 알아주지 못한 채
그 고통의 무게를 혼자 감당하라는 말처럼 들리기도 하니까.
그래서 나는 말 대신 숨을, 응원보다 쉼을 건네고 싶다.

당신은
밤새 무거워진 눈을 손바닥으로 눌러가며
아무렇지 않은 듯 하루를 시작했고
지하철 창에 비친 얼굴을 바라보며
슬픔과 절망을 삼켜야 했던 순간도 지나왔다.

당신은
넘어진 자리에서 다시 일어섰고
무너진 마음 위에 조심스레 시간을 덧대며
여기까지 걸어왔다.

끝이라고 믿었던 순간마다 자신의 가슴을 붙들며
스스로를 지켜냈기에 지금 거기에 서 있는 것이다.

당신의 삶은
무너지지 않기 위해 견디는 게 아니라,
무너진 후에도 당신으로 남기 위해 살아가는 것이다.

모든 걸 놓아버리고 싶고
누구의 말도 듣고 싶지 않은 날.
그럴 땐 세상을 잠시 내려놔도 된다.
숨이 가쁘면 멈춰도 괜찮다.
아무것도 이루지 못한 날에도
하늘은 여전히 제자리에 있으니까.

주저앉는 일은 당신이 무능해서가 아니다.
너무 오래 애쓴 자리에서
당신의 삶이 중심을 잡기 위해
잠시 흔들리는 과정일 뿐이다.

세상은 늘 속도를 재촉하지만
삶은 지금 당신의 숨결로 완성된다.
당신의 삶은 세상의 성취를 위해서가 아니라
끝까지 당신 자신으로 살아내겠다는 선택이니까.

빨리 간다고 더 멀리 닿는 것도
더 잘 살아내는 것도 아니다.
삶은 누군가를 앞지르는 일이 아니라
지금의 나를 끝까지 붙드는 일이다.

기록보다 끈기를 속도보다 방향을
누구보다 먼저가 아니라 끝까지 나답게.

오늘은 오롯이 당신이 감당해 온 날들의 무게로 완성된다.
그러니 남들의 무게로 당신의 하루를 재려 하지 말자.

당신은
한 걸음도 움직이지 못한 날에도 스스로를 놓지 않았다.
그러니 오늘 하루 조금 느려도 괜찮다.
한숨도, 멈춤도 괜찮다.
그럼에도 당신은 여기까지 왔으니까.

고통은 잊기 위해 견디는 게 아니라
끝까지 마주하며 다시 스스로에게 돌아오는 길이다.

그 시간은 잊어야 할 기억이 아니라
당신의 존재를 더 깊게 빚어낸 시간의 숨결이다.

당신이 살아낸 시간은 지나간 과거가 아니라
당신이 누구인지 다시 써 내려가는 또 하나의 문장이다.

어떤 기억은
아프지 않아도 오래 남고
어떤 감정은
이미 끝났는데도 한참을 흔든다

붙잡지 않았지만 잊지도 못했고
잊지 않았지만 그리워하지도 않았다

사랑은 지나갔지만
미련은 멈추지 못했다
그 시간들이 나를 한 번 더 무너뜨렸지만
결국 나는
그 모든 시간 위에서 다시
나로 서 있다

지워지지 않는다고 사랑도 아니고
버텼다고 다 괜찮은 것도 아니지만
그럼에도 나는
끝까지 나이어야 하니까

04.
나와 마주하기

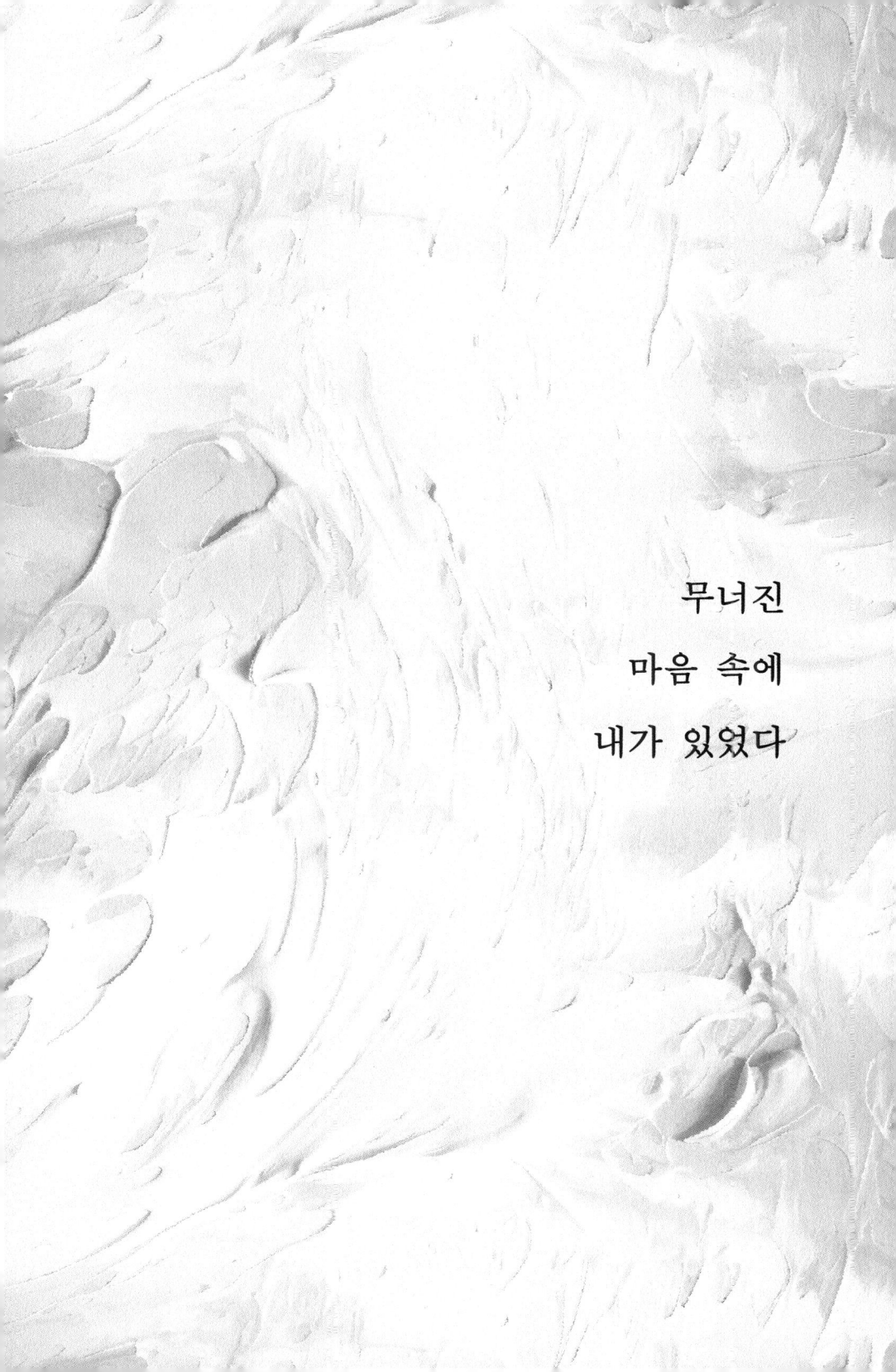

무너진

마음 속에

내가 있었다

기다림 끝에
남겨진 마음 속에는
오직 나만이 있었다

붙잡았던 이름을 놓고 나서야
가장 오래 잊고 있던 사람과 마주했다
그건 나 말고는
아무도 꺼내줄 수 없는 마음이었다

말하지 못한 마음들
흔들리던 밤들을
숱하게 삼켰던 침묵이

아무 말도 하지 않아도
이제는 나를 알아본다

나는 나를 기다리고 있었다
사랑도 상처도 지나간 지금에서야
비로소 내가 내 앞에 앉았다

사랑을 건너다 나에게 도착했다

그녀를 향해 걷는 여정인 줄 알았다
그러나 그 길은 끝내 나에게 되돌아왔다
무너진 다리 위에 남은 건 상처가 아니라 나였다

***

나는 다리를 놓았다.
오랫동안 외로움을 건너지 못한 마음의 강 위에
조심스레 한 걸음 내디뎠다.

두려움과 설레는 마음이 교차하는 마음 위에서
작은 용기를 하나씩 쌓아 올렸다.
이 길이 서로가 바라는 세상에 닿길 소망하며…

나는 믿었다.
그녀도 이 다리 위에 설 거라고
나와 같은 마음으로 나를 향해 걸어올 거라고
그래서 기다렸고 확신했다.

***

그러나 그 다리는 아무도 건너지 못했다.
종착지도 방향도 모두 처음부터 잘못된 설계였으니까.
우리는 각자가 꿈꾸는 길 위에서
혼자 걸었고, 혼자 희망했다.

흔들린 건 그녀가 아니었다.
나를 지탱하던 믿음이 먼저 무너지기 시작했다.

그런데도 나는
아직 완성되지 않은
흔들리고 불안한 그 다리 위에서
목청이 다하도록 외쳤다.

"같이 건너자."
내가 할 수 있는 말의 전부였다.

그러나 그것은 사랑이 아니었다.
나만의 사랑이 아니기를 바라는 외로움이었고
책임이라는 얼굴로 가린 두려움이었다.

그녀는 끝내 다가오지 않았고
흔들리는 다리 위에는 나만 남았다.

***

모든 것이 무너져 내린 뒤에야
그 부실했던 사랑의 실체가 모습을 드러냈다.

맹세도 약속도 아닌 희생
배려도 존중도 없는 자기만족
서로를 이상화하고
그 이상에 자신의 꿈을 얹은 환상
외로운 갈증을 서로에게 탐하는 욕망일 뿐이었다.

***

다리는 무너졌고 인연은 흐려졌다.
나는 잔해만 남은 그 자리에 다시 섰다.
그리고 낯설었지만 깊게 내 이름을 불렀다.

누구의 것도 아닌 나 자신의 이름.
다리 위에 홀로 남겨진 이가
더는 누구도 기다리지 않겠다고 속삭이는
쓸쓸한 선언이었다.

***

결국 나에게 되돌아오는 길이었다.
누구의 손도 닿지 않는 삶의 경계 끝에서
나는 나를 건져 올려야 했다.

사랑이 사라진 자리에 끝내 남은 건
그가 아니라 끝내 사라지지 않는 나였다.

남겨진 것은
건너지 못한 사랑의 잔해
되돌릴 수 없는 시간
닿지 못한 마음에 대한 고독하고도 지독한 후회.

그 모든 감정들이 지나간 뒤에야 알았다.
건너려 했던 여정의 종착지는
그녀가 아니라, 나였다는 걸.

나는 지금
누구의 마음도 닿지 못한 채
나를 건너야 하는
경계 위에 멈춰 서 있다.

외로움은 나로 돌아가는 길

외로움은 내가 나에게로 되돌아가는 길이었고
그리움은 그녀의 부재 속에서
잊고 지낸 나를 다시 마주하는 시간이었다

***

'부재가 존재보다 더 짙게 남았다.'

그녀가 떠난 자리에 목소리도 향기도 없었지만
묘하게 선명한 무언가의 흔적이 있었다.

껍질이 벗겨진 채 드러난 공간
만져지지 않지만 분명히 거기 있는 내 안의 구역.

하루를 마치고 돌아오는 전철 안.
무심히 켠 영상에서 노래가 흘러나왔다.

'한 사람과 몇 번의 사랑과 몇 번의 이별'
외로운 가사 한 줄이 내 안 어딘가를 파고들었다.

'외롭다.'

사람들은 그 감정을 이렇게 말한다.
그건 '결핍'이라고.

외로움은
삶이 우리 안에 남겨놓은 솔직한 여백이다.
그 여백이 불안해서 사랑이라는 감정으로 덮으려 했고
그녀가 떠난 뒤 남은 것이 외로움의 진짜 얼굴이었다.

그녀는 외로움을 없애준 사람이 아니라
오히려 내 안의 나를 또렷하게 비춰주던 사람이었다.

그녀의 따뜻함이 사라지고 난 자리에는
그녀를 만나기 이전보다 더 깊은 공허가 남았다.
나는 그 허무를 견디며
외로움이라는 감정에 드디어 이름을 붙일 수 있게 되었다.

그 이름은 '결핍'이 아니었다.
그 이름은 바르 '나' 였다.

외로움은 나를 잃게 만드는 감정이 아니었다.
오히려 내가 나로 살아가기 위해
반드시 지나야 했던 정거장이었다.

비어 있는 자리를 채우는 대신
그 자리에 가장 오래 머물 수 있는 사람은
언제나 나 자신뿐이었다.

존재는 외로움 속에서 가장 또렷해지고
사랑은 혼자 있는 시간 속에서 비로소 이해된다.

외로움은
누군가의 빈자리를 견디는 것이 아니라
그 빈자리에서 내 존재를 더 또렷이 느끼는 감정.
그 감정 속에서 나는 나를 다시 세웠다.

아주 천천히.
그러나, 분명하게.

오늘도 결국은 잊혀지는 날

햇살 좋은 오후.
벽에 걸린 시계는 멈춰 있었다.
방 안에는 쏟아지는 빛과
사라진 시간만이 고요하게 남아 있었다.

네가 떠난 후
시간은 흐르지 않는 것처럼 느껴졌다.
네가 앉았던 자리
네가 바라보던 창
네가 흘리던 웃음까지.

그 자리는 그대로인데
너만 없었다.

살아 있다는 것은
매일을 버티는 일인 동시에
매일 조금씩 사라지는 일임을
나는 네가 떠난 뒤에야 알게 되었다.

Memento mori.
죽음을 기억하라.

죽음은 언젠가 멀리서 다가오는 것이 아니라
사라진 존재를 매일 기억하는
일상 속에 각인되었다.

삶은 영원하지 않기에 더욱 눈부시고
사랑도 끝이 있기에 더 깊어진다.

너와 함께 했던 하루들은
이제 아무도 기억하지 않는 풍경처럼
서서히 흐릿해지고 있었다.

창밖에는
빛이 기울고 내 그림자가 길어졌다.
시간은 그냥 흘러가는 것이 아니라
내 곁을 스쳐 지나가는 것인지도 몰랐다.

네가 남기고 간 침묵 속에서
오늘을 살아내고 있었다.
언젠가 잊힐 것을 알든서도
언젠가 사라질 것을 알면서도

Memento mori.
오늘을 기억한다.
너 없는 오늘을

누군가를 사랑하는 동안
나는 나를 잊었다

사랑의 순간들은 찬란했지만
그 빛 속에 나를 감추었다

누군가의 시선에 나를 맡기고
누군가의 품으로 외로움을 덮으며
나는 조금씩 나를 지워갔다

사랑이 멀어진 뒤에야
비로소 내 안에 남겨진 나를 바라본다

오래 비워두었던 마음
내가 잊고 지낸 나

이제 나는 그 빈자리에서
다시 나를 불러내야 한다

사랑이 남긴 흔적 위에서
나는 나를 다시 만나야 한다

가장 가까웠던 멀어지던 순간

이별은
한 사람이 자신을 놓치고 있었다는 고백이다.

함께하는 동안에도 서로를 구원하지 못했다.
우리는 그 불안함을 애써 모른 척하며
단단한 척 다정한 척, 남겨진 관성을 붙잡고 있었다.

사랑이 식어갈 때 먼저 사라지는 건
들어주는 마음이고, 그 말을 기다릴 수 있는 인내다.

우리는 서로의 진심어 귀를 기울이지 않았고
마침내 그 침묵 위에 이별을 내려놓았다.

***

식탁 위에 식지 않은 찻잔 두 개
창밖으로 스며드는 저녁빛.

마주 앉아 있지만
서로의 관심이 닿지 않는 그 다른 상상 속에서
우리는 이미 천천히 서로를 떠나고 있었다.

혼자 남게 되면
가장 먼저 모습을 드러내는 것은
외로움이 아니라
사랑이라는 감정이 빠져나간 적막함 속에 놓인 나였다.

이별은 관계의 끝이 아니라
나라는 존재의 기원을 되묻는 시간이다.

그가 떠난 순간이 나에게로 돌아오는 입구였다.
지나간 시간. 그리고 남겨진 지금은
나에게 스스로 되돌아오는 서사였다.

***

사람은 누구에게서도 완전히 이해받지 못할 때
비로소 자신을 이해할 준비를 한다.

그 준비는 이별의 시간 속에서 시작되었다.
외면했던 감정, 말하지 못했던 질문, 끝내 닿지 못했던 진심.
그 모든 것이 마치 새벽안개처럼 밀려와 나를 품었다.

'나는 누구였고'
'내가 어떻게 사랑했고'
'무엇을 끝내 외면했는지'

그 질문 앞에 멈춰 선 순간
이별은 더 이상 누군가와의 끝이 아니었다.

사랑이 멀어지는 그 마지막 순간이
나는 나에게 가장 가까운 순간이었다.

이별은 사랑의 끝이 아니었다.
오히려 나로 다시 시작되는
존재의 서막이었다.

여는 사람과 머무는 사람

사랑은 닮음에서 시작되지만 머무는 건 같음이다.

결이 겹치면 마음은 열린다.
비슷한 영화를 좋아하고
음악에 함께 고개를 끄덕이며
닮은 말투와 손끝의 버릇까지 닮아갈 때
마음은 어느새 천천히 문을 연다.

익숙한 결이 서로를 향해 퍼질 때
그 사람은 문이 아니라 창처럼 느껴진다.
나조차 몰랐던 내 단면이
그의 투명한 눈을 통해 비로소 드러나기 때문이다.

그러나 모든 창이 오래 열려 있는 건 아니다
결은 마음을 여는 자극일 뿐
그 안을 바라보는 시선이 다르면 창은 다시 닫힌다.

결은 관심의 방향이다.
같은 농담에 웃고 비슷한 감성에 머무는 공명.
그러나 사랑이 깊어질수록
표면의 닮음만으로는 관계의 부족함을 느낀다.

가치는 무게다.
태도와 선택. 그리고 사랑하며 머무를 결심.

***

우리는 가치가 아닌 결을 선택했다.
닮았기 때문에 가까워졌지만
머무르기엔 마음의 무게가 가벼웠다.

그것은 시간이 흐른 뒤에야 알게 되었다.
만나는 이유는 같았지만 놓은 이유가 달랐다는 걸.

***

나는 끝까지 붙잡고 싶었고
그녀는 조용히 떠나고 싶어 했다.
우리의 결은 같았지만 서로의 가치 달랐다.

결이 닮으면 설렘이 피어나고
가치가 같으면 신뢰가 자라난다.

좋아하는 이유는 가볍지만
믿게 되는 이유는 무겁다.
그 무게를 함께 감당할 수 있을 때
사랑은 끝까지 남는다.

말이 잘 통하는 사람보다
말하지 않아도 편안한 사람이 곁에 머문다.
같은 음악을 좋아하는 사람보다
서로 다른 침묵을 함께 견뎌줄 수 있는
관계가 사랑을 지켜낸다.

사랑은
함께 웃는 사람이 아니라
끝까지 남겠다고 한 사람과 그렇게 완성된다.

시절연인

'시절 연인'이라는 말이 늘 불편했다.

나는 개념의 모순이나 감정의 회피를
언어로 미화하는 방식을 불편해하는 INTP 니까.

'모든 만남엔 때가 있다
그렇게 아름다웠고, 그렇게 사라졌다고 말하는 그 표현은
마치 사랑을 이룬 것도, 놓친 것도
모두 타이밍 탓인 것처럼 들린다.

그러면 누구도 책임지지 않아도 되니까.
그저 '그땐 그랬지'라는 회상만 남기면 되니까.

***

하지만
가슴 사무치게 사랑을 겪고 나니
더 이상 시절 탓으로 돌리고 싶지 않았다.

우리가 이뤄지지 못한 게
타이밍 때문이었을까.

그 말은
우리가 하지 않았던 모든 노력과
끝내 피했던 모든 선택들을
아무 일도 아니라는 듯 덮어버리는 것 같았다.

만남은 우연이었을지 몰라도
남는 건 언제나 서로의 의지였다.

붙들고 싶었는지
기다릴 수 있었는지
흔들리는 날들 속에서도
서로의 자리를 지킬 생각이 있었는지.

어쩌면 우리는
계절이나 시절을 핑계 삼아
서로를 지키지 않았는지도 모른다.

그때는 뜨거웠고
지금은 식었을 뿐이라는 말로
모든 감정을 '시절'이라는 단어 뒤에 숨겼다.

하지만
끝내 이루어지는 사랑은
타이밍이 아니라
돌아보고, 기다리고, 붙드는
사람의 의지로 완성되는 게 아닐까.

"시절이 아니라 사람이 사랑을 만든다."

좋은 날 뿐 아니라
흔들리는 순간까지 끌어안고 싶었던 마음이
그 사랑을 어디까지 데려갈 수 있는지를 결정한다.

사랑은 만나는 일이 아니라
끝까지 머무는 일이니까.

***

다시 한번 생각해 본다.
우리가 끝난 게 정말 타이밍 때문이었을까.

아니면
끝내 서로를 선택하지 않았던
우리의 마음 때문이었을까.

진짜 이유는
사랑하지 않아서가 아니라
끝까지 사랑할 의지가 부족했던 것인지도 모른다.

그래서 나는 아직도
'시절 연인'이라는 말을 믿지 않는다.

한번 빠지면 깊이 빠지는 나에게
그 말은 너무 쉽게 낭만을 흉내 낸다.

무책임한 낭단의 포장지 뒤에 감춰진
회피와 미화의 구조를
'시절 연인'이라는 말 하나로
퉁쳐버리는 태도 자체가
몹시 불편하다.

나는 어쩔 수 없는
INTP인가 보다.

내가 원한 건 사랑받는 나였다

나는 오랫동안
타인의 시선에 내 존재를 위탁하며 살아왔다.

사랑받는 감정은 존재의 확증처럼 느껴졌고
사랑을 잃는 일은
존재의 이유를 잃는 일처럼 아득했다.

많은 시간이 지난 뒤에야 알았다.
사라진 건 그녀가 아니라
그녀를 통해 존재하려던 나 자신이었다는 것을.

이제는 안다.
모든 관계는 입증이 아닌 동행의 언어라는 것을.

내가 누구여서가 아니라
내가 누구여도 괜찮다고 믿어주는 마음이라는 것을.

그 안에서 비로소
진짜 내가 머물 수 있다는 것을.

나는 더 이상
누군가의 시선 속에서 존재하지 않는다.
존재하는 그 자체로 사랑받아도 괜찮은 사람이니까.

나는 괜찮은 사람이라서 사랑받는 게 아니라
존재하는 그 자체로 사랑받아도 괜찮은 사람이니까.

넘어지고 일어서는 동안
알게 되었다

빛은
멀리 있는 게 아니었다

아주 가까운 곳에
내 안에
숨 쉬듯 기다리고 있었다

조급해하지 않고
미워하지 않고
그저 한 걸음
또 한 걸음 걸어야 한다

그 길 끝 어딘가에
내가 기다리고 있을 테니까

붙잡지 못한 건
사랑이 아니라
나를 잃어버린 나였다

억지로 견디지는 않기로 했다

억지로 살아내는 하루가 길어졌다.
별일 없는 척 아무 감정도 없는 사람처럼 웃고 앉아 있는 일.
감정은 어느 순간부터 흐르지 않았고 나는 내 안 어딘가에서
오래도록 멈춰 있었다.

하지만 멈춘다는 건 포기가 아니었다.
그건 무리하게 나를 밀어붙이지 않겠다는 작은 다짐이었다.
살아가는 일에 꼭 애쓴다는 말이 필요 없다는 그런 다짐.

미래를 생각하며 들어둔 보험도 모두 해지했다.
아프면 아픈 대로 살다가
죽을병이라도 걸리면 저항하지 말자고 생각했다.

아침 찬물이 손등을 스치고 현관 앞에 쌓인 택배 박스를 치운다.
전자레인지에 어제를 데우며 하루를 반복한다.
의미도 없고 감정도 없고 그저 흘러가는 하루.
나는 그 흐름 바깥에 서서 멀리서 바라보듯 나를 지켜본다.

오랜만에 거울 앞에 섰다.
눈은 충혈되어 있었고 입꼬리는 어정쩡하게 내려앉아 있었다.
나는 나에게 말을 걸었다.

"그래도 잘 살아있었네."

그 말이 오늘만큼은 내 안에서 작았지만 진심처럼 울렸다.
살아있다는 건 그저 견디는 일이 아닌데…
흘러내리는 마음을 겨우 붙들었다.

그날 이후 나는 '견딘다'는 말을 놓아주었다.
억지로 버티지 않겠다고 다짐한 순간, 고요함이 찾아왔다.
하지만 그것은 포기가 아니라 회복의 시작이었다.

모든 걸 내려놓고 나서야
비로소 나를 다시 붙잡을 수 있다는 걸
조금씩 느끼기 시작했다.

***

여전히 익숙지 않은 하루를 서툴게 버텨낸다.
하지만 이제는 억지로 견디지 않는다.
울고 싶으면 울고, 지치면 멈춘다.

어쩌면 살아낸다는 건 더는 나를 몰아세우지 않는 날들로
천천히, 아주 천천히 걸어가는 일일지도 모른다.

창밖에는 봄비가 내리기 시작했다.
빗방울 하나가 유리창을 타고 흘러내리다
이내 사라진다.

억지로 닦아내지 않아도
시간이 지나면 물자국은 저절로 마른다.

나는 그 자리를 애써 지우지 않기로 했다.
그저 그 자리에
다시 나를 놓기로 했다.

당신은 끝까지 머물 수 있나요

머무는 법을 잃은 마음은
사랑을 시작하지도 못한 채
늘 끝에서만 맴돈다.

머물고 싶다는 마음보다 먼저 움직이는 건
언제나 두려움 때문이다.

상처받은 새는 늘 날아갈 준비를 하고 있다.
새벽 공기의 차가움을 느끼기도 전에
날개는 이미 경계 위에 걸쳐 있다.

그 새는 다가오는 따뜻한 손길에도 목을 움츠린다.
따뜻함을 믿기보다 차가운 자유를 먼저 상상하게 되는 건
한 번의 부서짐이 평생의 경계심으로 남아 있기 때문이다.

다정한 말속에서도 먼저 경계하고 의심하는 마음.
그건 상처받은 사람들의 익숙한 방어 기제다.

곁에 머물고 싶다는 마음보다 더 먼저 다가오는 건
떠나면 덜 아플 수 있다는 어쩔 수 없는 생존본능이다.

***

어느 겨울날의 기억
그녀는 지나간 상처에 대한 이야기를 꺼냈다.
나는 그 이야기를 듣기 싫어하는 표정을 지었다.
그리고 한참을 생각했다.

왜 그런 이야기를 나한테 하는 것이지. 나에게 상처라도 받거나
기대에 못 미치면 또 나를 떠나려고. 나는 그녀가 바라는 사람이
될 수도 없었고, 그리고 나는 그 사람들과는 다르니까.

이후 몇 번의 계절이 지나갔다.
식어버린 커피잔 가장자리에 말라붙은 커피 자국이
그날 내 마음의 흔적처럼 남아 있었다.

사랑을 원하면서도 서로에게 줄 상처를 경계했고
서로를 기대면서도 누구보다 먼저 기대를 접었던 우리.
익숙한 거리가 안전지대라 믿으며 서로를 붙잡지도 못했다.

머무르겠다는 마음 없이 떠도는 사랑은
작은 흔들림에도 상처를 받아 다른 사랑을 찾아 떠난다.
사랑은 그저 살아있는 것만으로는 도달할 수 없는 감정이다.
머물지 못하면 사랑은 결코 완성되지 않는다.

모든 걸 내려놓고 싶던 밤.
창가에 가만히 기대며 나는 하나의 바람을 품었다.
누군가를 다시 만난다면
'그가 내 곁에 오래 머물러 주기를'
'그리고 나 역시 끝내 그에게 등을 돌리지 않기를'

***

작은 흔들림에도 떠난다는 건
곁에 머물 수 있는 가능성마저 스스로 걷어내는 일이며
동시에 자신을 향한 다정한 손길까지 외면하는 일이다.

머무는 법을 잊은 새는
어느 곳에도 둥지를 틀지 못한다.

다시 날아오른다는 건
또다시 사랑에 닿지 못했다는
혼자만의 고백이다.

삶은 어딘가에 머물겠다는
아주 작은 결심에서 시작된다.
그 결심은 누군가를 믿는 일이 아니라
상처를 감수하더라도
함께 살아가겠다는 다짐이다.

머문다는 건
견디겠다는 말이 아니라,
사라지지 않겠다는 선택이다.

사랑은
가장 차가운 순간에도
끝까지 곁에 있겠다는 마음이
마침내 도달하는 자리다.

혹시 당신도 나처럼
머무는 게 두려운가요

아니면
스스로의 마음에게 조차
등을 돌린 적이 있나요

우리는 정말
끝까지 머물 수 있는 존재일까요

아니면
끝없이 떠돌다 사라지는
이름 없는 마음일 뿐일까요

이제, 존재하기로 했다

아직 전부를 잃지 않았는데
나는 모든 것을 떠나보낼 준비를 하고 있었다

세상은 여전히 같은 자리를 지키고 있었지만
다가올 걱정을 미리 떠올리며 나를 감추기 급급했다

붙잡기도 전에 놓칠 준비부터 하는 마음
그 불안은 미래보다 나를 먼저 지워버렸다

가능성을 믿지 못한 채
존재 자체를 포기하며 하루를 살아냈다

***

불안은 누구에게나 찾아온다.
'삶 자체가 정해진 것이 아니라 흔들리는 것'이니까.

불안은 '내가 삶의 방향을 선택하고 걸어가야 하는 것이 운명'
이라는 사실을 끊임없이 상기시키는 묵직한 신호다.

삶은 끊임없이 사라지는 것들 사이를 건너는 일이다.
하지만 나는 그 신호를 외면한 채
미래를 상실로만 예감하며
아직 오지 않은 것들을 짊어지고 있었다.

***

창밖에는 바람이 스치고
책상 위엔 아직도 어제의 잔이 남아 있다.

기억도 사랑도 한순간의 웃음도
모두 손에서 빠져나갔다.

절망의 끝에서 나에게 묻는다.
모든 것이 결국 사라질 운명이라면
나는 무엇을 붙들고 살아야 할까.

***

내가 가진 유일한 것은
지금 이 순간을 살아갈 나의 태도였다.
그것은 누군가에게 부여받는 것이 아니라
불확실함 속에서 내가 나를 책임지는 그 선택이다.

나는
사랑이 떠나가기 전에 스스로를 먼저 잃었다.
관계를 지키려다 내 존재의 의미를 놓치고
불안을 피하려다 내 마음을 버렸다.

그래서 나는 다시 묻는다.
사라질 것들을 붙드는 대신
나는 나 자신을 붙들 수 있는가.

***

이제 그 질문에 답을 한다.
흔들리고 두려워도
내 안의 가능성을 외면하지 않는 것.
그 용기만이 사라짐 속에서도 나를 남긴다.

***

이제는 살아가기로 한다.
불안은 나를 무너뜨리는 적이 아니라
내가 살아있다는 증거이니까.

상실의 예감을 끌어안고
모든 사라질 것들 위에
나를 다시 세운다.

빛은 한 번도
먼저 나를 떠난 적 없었다.

나는 존재하기로 한다.
흔들리더라도
사라짐 속에서도

좋아함은 감정이고 사랑은 태도입니다

꽃은 햇살을 머금고 피어나지만
뿌리는 어둠 속에서 살며시 생명을 붙든다.
사랑은 한순간의 불꽃이 아니라
고단한 삶을 견디게 하는 존재의 이유다.

좋아함은 짧은 햇살에 꽃을 피우는 일이고
사랑은 빛이 없어도 뿌리를 깊게 내리는 일이다.

좋아함은 따뜻한 곳을 향해 가지만
사랑은 가장 어두운 그늘에서도 자리를 지킨다.

좋아함은 내가 느끼는 기쁨이고
사랑은 그가 아프지 않도록 염려하며 지켜내는 하루다.

좋아함은 곁에 있고 싶은 충동이고
사랑은 그를 깊이 이해하려 애쓰는 마음이다.

좋아함은 설렘에서 시작되지만
사랑은 책임으로 남는다.

좋아함은 즐거운 대화를 원하고
사랑은 아무 말 없이도 곁에 머무는 침묵을 견딘다.

좋아함은 웃음을 발견하고
사랑은 슬픔을 먼저 읽는다.

좋아함은 작은 일에도 흔들리지만
사랑은 말없이 버텨내는 인내다.

좋아함은 찬란한 순간에 반짝이고
사랑은 모든 빛이 꺼진 뒤에도 곁을 지켜낸다.

좋아함은 "너를 좋아해"라는 고백으로 시작되지만
사랑은 "네 곁에 있을게"라는 다짐으로 머문다.

좋아하던 사람이 떠난 자리
나는 사랑하던 사람으로 남아 있었다.

감정은 언젠가 사라져도
그 감정을 견디며 쌓은 시간은
결국 나를 만든 마음의 일부로 남는다.

그의 이름을 더는 부르지 않아도
함께했던 기억은 내 삶의 결을 따라 은은하게 흐른다.

모든 감정이 다 말라버린 뒤에도
그의 흔적이 내 하루 어딘가에 남아 있다면,

그건 좋아함의 그림자가 아니라
끝까지 품으려 했던 나의 태도
그리고 사랑을 지키며 살아낸
나라는 존재의 기록이었다.

우리는 많은 것을 잃고 잊으며 살아간다
그러나 모든 것이 사라진 뒤에도
어딘가에는 아직 남아 있는 기억이 있다

이름도 얼굴도 흐려진 그들이
비워진 자리에서
여전히 우리를 살아가게 만든다

떠난 것은 결국 사람일지 몰라도
남는 것은 함께했던 시간이다
그 시간은 사라지지 않고
우리 안 어딘가에 깊은 여운을 남긴다

그래서 우리는
잊었다고 생각한 기억 속에서
다시 한 번 살아갈 힘을 얻는다

사라진 것들 너머에 남은 숨결
그것이 오늘의 우리를 붙든다

상처는 시간이 지난다고
저절로 아물지 않는다

끝났다고 믿었던 사랑도
기억 어딘가에 남아
때로는 우리를 다시 흔든다

사랑이 남긴 빈자리를 넘어
그 자리에 여전히 남아 있는
나를 다시 만나야 한다

부서진 마음을 지나
잊지 못한 기억을 건너
다시 나에게로 돌아오는
그 길 위에서

기억을 사랑할 수는 없다

추억은
떠올릴 때마다 따뜻하게 남아 있는 마음의 자리다.
그곳엔 눈물보다, 시간 위에 남겨진 미소가 남아있다.

기억은
여전히 내 안에 살아 있는 삶의 잔상이다.
지나간 감정의 잔류이자 잠들지 못한 마음의 그림자다.

기억은 붙잡지 않아도
하루의 틈마다 스쳐간다.

함께 듣던 음악이
낯익은 골목이
익숙한 향기 하나가
지나간 누군가를 다시 불러낸다.
다정하지도 않은 채로.

그래서 우리는
기억을 피하지도, 붙잡지도 못한 채
그저 견디며 살아간다.

***

기억은
사랑을 다시 불러내는 것처럼 보이지만
손에 남는 건 언제나 잔상뿐이다.

사랑은 과거형이 될 수 있지만
기억은 시간의 문법에 속하지 않는다.
여운은 시제 밖에 머문다.

그 시간의 흔들림은
다시 사랑을 믿고 싶은 마음의 그림자고
사라진 감정의 재방문이다.

기억은
지나간 사랑을 허락 없이 되살리며
나를 다시 무너트리기를 반복한다.

그래서
기억을 사랑할 수는 없다.

그건 사랑이 아니라
내 안에 가라앉아
언젠가 다시 나를 흔들
시제 밖에 머무는 여운이다.

기억이 추억이 될 필요는 없다

어떤 기억은 추억이 되지 않는다.
그저 오래된 감정의 그림자처럼
삶의 가장 깊은 곳에 붙어 나를 붙잡는다.

기억한다는 것은
지나간 일을 떠올리는 것이 아니라
내 안을 건드리는 감정의 자국을 더듬는 일이다.

기억은 바다를 닮았다.
겉은 고요해도 그 아래에는 말로 다 헤아릴 수 없는
감정들이 심연에 가라앉아 있다.

누군가는 그 위를 무심히 지나가고
누군가는 그 안에 잠겨 자신을 잃는다.
나는 그 심연에서 숨을 잃었다.

***

시간은 결국 아무것도 덮지 못했다.
오히려 모든 것이 더 선명해졌다.
감정은 기억을 움켜쥐었고
그 기억은 나를 좀처럼 놓아주지 않았다.
그것들은 내 안에 살아 있는 유령처럼
눈앞에 없지만 사라졌다고 믿는 순간
더 또렷해지는 존재들이었다.

'시간이 해결해줄 거야.'
그 말은 남겨진 사람에게 가장 공허한 위로였다.
시간은 아무것도 해결하지 않으니까.

그 시간을 견디는 동안
나는 더 깊은 고통을 받아야 했다.
삶의 끝에 서 있는 듯한 두려움까지도.

살기 위해 나는 스스로를 설득해야 했다.
아픈 기억도 안고 살아야 한다.
그게 사는 방식이라고 말하면서.

하지만 아니었다.
모든 걸 끌고 가는 삶은 점점 무거워졌다.

먼저 쓰러진 건 마음이었다.
다음에는 숨이 가라앉았다.
결국 '나'라는 존재조차 희미해졌다.

***

'이 기억이 나를 살아가게 하려는 걸까'
'아니면 나를 가두려는 걸까'
'만약 나를 가두려 한다면, 이 기억은 정말 내 것일까'

이 질문들이 비로소 나를 멈춰 세웠다.

***

살아간다는 건 모든 것을 끌어안는 일이 아니라
더 이상 무의미한 감정에 나를 소진하지 않고

그대로 흘려보내는 용기를 갖는 것임을
조금씩 깨닫기 시작했다.

한때는 그 떨쳐지지 않는 기억을
끝까지 품고 살아야 한다고 믿었다.

그러나 이제는 안다.
때로는 미련을 멈추고 그대로 흘려보내는 것이
나를 사랑하는 또 다른 방식임을.

모든 기억을 끝까지 간직할 필요는 없다.
붙든다고 함께 살아지는 것도 아니다.
기억을 지우는 것이 아니라
그 기억에 더 이상 감정을 쏟지 않는 것.
흉터는 남아도, 더는 피가 흐르지 않는 상태.
그것이 진정한 망각이다.

모든 기억이 추억이 되어야 할 필요는 없다.
기억은 붙드는 것보다 흘려보낼 때 더 얌전하게 사라진다.

기억은 선택적으로 지워지지 않는다.
하지만 내가 그 기억에서 감정을 거둬들일 때
비로소 나의 시간이 다시 흐르기 시작했다.

'과거가 나를 데려가게 둘 것인가
  내가 과거를 보내고 앞으로 걸어갈 것인가.'
지금 이 순간이 그 질문에 대한 '매일의 대답'이다.

흔들리고 부서지던 날들도
시간이 흐르고 나면
그저 지나간 풍경이 된다

붙잡으려 했던 감정도
버티려 했던 기억도
결국은 흘러가고 저만치 멀어진다

그때는 모든 것이 끝인 것처럼 느껴졌지만
돌아보면 가장 힘들었던 순간조차
내 삶의 일부가 되어
나를 더 단단하게 만든다

그리고 끝내 남는 건
흔들리면서도 살아냈던
나 자신

그 모든 흔들림과 지나침 속에서
나는 다시
내 삶을 살아갈 지혜를 배운다

끝까지 등을 돌리지 않는 마음
지나간 것을 흘려보내는 용기
기억에 머물지 않는 선택

사랑이 사라진 뒤에도
내 삶을 지탱하는 건
언제나 나의 태도였다

그 자리에는
서로를 대했던 진실만이
지워지지 않는 흔적으로 남는다

그림자는 등을 돌리지 않는다

좋아함은 눈부신 순간에 시작되지만
진정한 사랑은 그 눈부심이 사라진 자리에서 드러난다.

빛이 사라지고 난 뒤에도
등을 돌리지 않은 마음 하나가
사랑이라는 이름으로 남는다.
빛은 감정을 밝혀주지만
그림자는 태도를 말해준다.

사람은 즐거울 때는 누구나 함께 있을 수 있다.
하지만 어둠이 드리우는 순간 곁에 남는 건
묵묵히 등 돌리지 않는 태도다.

존재하는 모든 것엔 그림자가 있다.
사랑이 시작된 그 순간에도 그림자는
그저 소리 없이 곁에 있었다.

그 그림자는 빛이 꺼진 뒤에도
그곳이 원래 자기 자리라도 되는 것처럼 머문다.
불빛 없는 자리에도 스며드는
잊히지 않는 다정함으로

대화가 멈추고 기억이 흐릿해지고
시간조차 무뎌질 때에도
끝내 남는 건 등 돌리지 않으려 했던
한 사람의 다짐이다.

그 다짐은 감정이 아니라
사랑하는 삶을 지탱하는 태도였다.

사랑을 지키려는 마음은
결국 어떤 사람으로 남을 것인가에 대한
작고 묵직한 선언이 된다.

사랑은 스쳐가는 감정이 아니다.
사랑은 등을 돌리지 않겠다는
존엄한 태도에서 시작된다.

우리가 진정으로 사랑을 알게 되는 순간은
그 사랑이 찬란할 때가 아니라
모든 빛이 꺼진 뒤 어두운 방 안에 홀로 남은
그림자와 마주할 때다.

그러니 사랑은 눈부실 필요가 없다.
사랑은 끝까지 등을 돌리지 않는 용기
빛이 사라진 자리에도 머무는 마음이다.

그리고 바로 그 마음이
사라진 빛보다 오래 남는다.
말없이 곁을 지켜낸 그림자 하나처럼.

붙잡아야 할 것과 붙잡혀선 안 될 것들

옷깃이 헐거워졌다.

거울 속 얼굴은 다른 계절을 살아온 사람처럼 앙상했고
심장은 며칠째 제 순서를 잊은 듯 불규칙하게 건너뛰었다.
병원을 나올 때 손에 쥐어진 건
처방전 한 장과 "스트레스를 줄이세요"라는 말뿐이었다.

그날 오후
나는 말없이 고개를 숙인 찻잔을 오래 바라보았다.
기다릴 이름도 누구와 나눌 말도 없었다.
찻잔 위로 피어오른 김이 천천히 식탁 위에 번졌다.

그 적막한 고요가 지금의 나를 말해주고 있었다.
무엇이 나를 이렇게 붙들고 있었는지를.

'삶'이라는 단어를 조심스럽게 손에 올려보며 생각했다.
삶에서 정말 붙잡아야 할 것은 무엇일까.

내가 가야 할 길에서 흔들리지 않는 마음.
수많은 선택 앞에서 나를 지켜주는 단단한 중심.
세상의 소음 속에서도 내 마음을 알아차리려는 의지.
그리고 넘어질 때마다 다시 일어설 수 있는 용기.

하지만 내가 움켜쥐고 있던 것들은
상처를 사랑이라 착각하며 견딘 관계.
익숙함이라는 이름의 안락함.
남들의 시선에 흔들리는 불안.

과거의 후회와 미래에 대한 막연한 두려움.
그리고 놓지 못하는 미련과 집착이었다.

그것들은 내 삶을 보호한 것이 아니라
소리 없이 나를 갉아먹고 있었다.

한때는 그것을 사랑이라 믿고 불렀지만
사실 그 사랑은 감정이 아닌 일종의 의무감이었고
그 영혼 없는 의무감은
내 안의 나를 조금씩 지워갔다.

울리지 않는 휴대폰을 들여다보며
도착하지 않은 메시지를 기다리는 하루,
그 조바심을 나는 오래도록 사랑이라 믿었다.

그러나 그건 명백한 '불안'이었다.
그 불안은 나를 지우고
그녀의 반응만을 기다리며 살아가는 사람으로 만들었다.

삶의 중심을 타인의 손에 맡기면
그 사람의 손끝 하나에도 자존이 흔들린다.

그건 사랑이 아니다.
그건 내가 나를 붙잡아주지 못했기 때문에 생긴 불안이다.

붙잡혀선 안 될 것들이 있다.
그것은 사랑을 가장한 자기 소멸이며
두려움을 위로라 착각하게 만든 환영이다.

내가 아닌 누군가로 살아가려 했던 시간들
그 시간들은 결국, 나를 나 아닌 사람으로 만들었다.

생각을 정리하며
식어버린 찻잔을 내려놓았다.

오늘은
증명하지 않아도 되는 나를 붙잡는다.
나로 살아내는 하루를 더는 미루지 않기 위해

삶은 움켜쥔 만큼 무거워지고
놓아준 만큼 가벼워진다.

진짜 나를 지키는 일은
붙잡음이 아니라
스스로를 놓아주는 용기에서 시작된다.

모든 상처는 흔적을 남긴다
모든 기억이 추억이 되는 것은 아니다

때로는 끝까지 붙들지 않는 것이
살아가는 유일한 방법이 된다

잊지 못해도 괜찮다
놓지 못해도 괜찮다
다만
더는 그 기억에 나를 묶어두지 않는 것

살아간다는 건
붙들고 견디는 일이 아니라
때로는 조용히 놓아주고
흘려보내는 용기를 배우는 일이다

흔적이 남아도
기억이 아파도
우리는 그렇게 조금씩
자신을 자유롭게 해야 한다

놓쳐버린 시간

진정한 사랑은 내일을 약속하는 일이 아니라
지금의 숨을 감싸 안는 일이다.

***

그녀는 오늘을 살아나고 있다.
나는 내일을 이야기했다.

우리는 나란히 앉아 있었지만
서로 다른 시간을 마주 보고 있었다.

그날
우리는 늘 앉던 카페 창가에 마주 앉았다.
빛이 한쪽 벽에 길게 드리웠고
잔은 천천히 식어가고 있었다.

그녀는 찻잔을 돌리며 조심스럽게 말을 꺼냈다.
"나는 가끔 오빠가 멀리 떠나버릴 것 같아."

나는 잠시 웃었다.
"그런 말은… 다음에 하자. 오늘은 그냥 괜찮은 하루잖아.'

그녀는 가라앉듯 눈을 감았고
나는 그 말속에 담긴 마음을 읽지 않았다.

그녀의 불안은 그 자리에 머물고 있었지만
나는 내일을 향해 고개를 돌렸다.

그녀의 하루는 점점 침묵으로 채워졌고
나는 그 안에 닿지 못한 채
함께 머물러야 할 시간을 지나쳤다.

***

그녀가 건너온 날들
마른 입술을 한 번 다물고 내 쪽을 향했던 몇 번의 밤.
그녀의 한숨은 나직했고 침묵은 길었다.

하지만 나는 그 침묵을 감정의 오류라고 생각했다.
그녀는 지금 내 손길을 기다리고 있었지만
나는 내일로 그 모든 것을 유예했다.

그녀는 아프다고 말하지 않았다.
나는 묻지 않았다.
그 침묵을 아직 괜찮음으로 착각했고
그녀가 매일을 버티고 있던 그 자리에
나는 내 미래만 덧대고 있었다.

그날
그녀는 분명히 기다리고 있었다.
손끝 하나 닿기만을.
숨소리 하나 나누기만을.

하지만 나는 눈을 피했고
그녀는 천천히
나를 기다리던 자리에서 등을 돌렸다.

그리고 나는
그날 그녀를 잃었다.

사랑은 앞으로 가는 일이 아니라
같은 자리에 함께 머무는 일이었다.

그녀의 오늘은
어제의 내가 놓쳐버린 시간이었다.

그리고 나는
오늘에야 흐느끼기 시작했다.

기다려도 오지 않는 것들이 있다
붙잡아도 사라지는 것들도 있다

그 모든 걸 지나
남은 건
결국 나였다

흔들려도
비워져도
끝내 남은 나를
나는
안아주기로 했다

지워지지 않는 상처도
지나가지 않는 외로움도
이제는 거기 있는 그대로
품어주기로 했다

그래야 내가
나로 남을 수 있으니까

끝내, 나만 남았다.

끝까지 내 곁에 있어줄 거라 믿었던 그녀의 뒷모습은
처음 다가왔을 때와는 달리 너무 차가웠다.

그 자리에 남은 건 그녀의 향기가 사라진 공기 식탁 위에
굳어버린 빵 몇 조각 그리고 누구의 그림자도 드리워지지 않은
빈 의자 하나뿐이었다.

그제야 세상이 약 올리듯 속삭인다.
 '넌 이제 혼자야. 그럴 줄 알았어. 내가 뭐랬어'
그동안 너무 익숙하게 들어왔던 말이라 놀랍지도 않았다.

***

'이제 누구를 믿고 무엇을 위해 살아야 하나'

남겨진 사람은 떠난 이보다 더 오래 더 깊은 고통을 견뎌야
한다. 그 빈자리에 의기를 덧칠하며 자신을 조금씩 지워간다.
정작 가장 견디기 힘든 건, 사라진 관계가 아니라 그 잔해
속에서 끝까지 무언가를 붙들려하는 나 자신을 보는 것이었다.

아침마다 '오늘은 괜찮아질 거야'라고 다짐해 보지만
그 말은 늘 입술에만 머물렀고, 밤이면 이불을 끌어안고 내
어깨를 다독이다 겨우 잠들었다.

사람들 앞에서는 웃는 얼굴로 시간을 버텼지만
혼자가 되면 멈춘 시간 속에서 상심에 잠기기 일쑤였다.

해질 무렵
길게 뻗은 전봇대 그림자 하나가 창문으로 나를 들여다본다.

그 자리에 주저앉았다.
붙잡아주는 이 하나 없는 현실 속에서
그나마 유일하게 믿을 수 있는 존재는 나 자신뿐이었다.

'나는 나에게 등을 돌리지 않겠다고'
'살아내길 바라는 나를 외면하지 않겠다고'

그 주저앉음이 산산이 부서진 마음 하나를
하루만큼 더 품는 작은 저항의 시작이었다.
살기 위해서 어쩔 수 없는 선택이었다.
무엇을 하는 것보다 멈춤이 곧 삶의 의지였다.

혼자 남겨진 나는
누구의 방해도 받지 않고 나를 마주할 수 있었다.
나의 상처를 응시했고 그 너머에
여전히 살아가며 고군분투하고 있는 나를 찾아냈다.

기억해야 한다.
나를 미워하던 날들. 나를 몰아세우던 생각들.
그리고 그 속에서도 끝내 등 돌리지 않은 나를.

존재의 마지막 순간까지 몰려도
끝내 누구도 오지 않는 방 안에서 홀로 남겨진 나를.
끝까지 바라보며 그 영원처럼 지속되던
긴 고통을 이겨낸 단 하나의 나를.

이제는 기억해야 한다.

다정함도 제시간에 도착해야 한다

사랑은 언제나 다정함으로 시작된다.
'조심히 들어가'
'따뜻하게 입어'
이 다정한 작은 말들이 매일의 마음을 지탱한다.

다정함은 마음의 방향을 보여주는
가장 정직한 나침반이다.
나를 바라보는 눈빛
묻지 않아도 닿는 감각
그 모든 섬세한 태도들이
사랑이 여전히 머물고 있다는 증거였다.

다정함은 감정이 아니라
'나는 지금도 너를 생각한다'는
사랑이 존재하는 방식이다.
하지만 그 방식은 언제나
제시간에 도착해야만 사랑이 된다.

문장의 끝에서 사라진 이모티콘
그날의 안부를 묻지 않는 저녁
말하지 않는 마음의 공백
다정함이 머뭇거리는 순간부터
사랑은 천천히 식기 시작한다.

사랑은 쉽게 꺼지지 않는다.
하지만 다정함이 사라지면
그 불씨는 더는 데워지지 않는다.

식어버린 감정 위에서 남아 있는
온기를 사랑이라 착각한다.
그러나 다정함이 떠난 자리에 남는 건
사랑이 아니라 작별을 미루고 싶은
자존심의 버팀목일지도 모른다.

다정함은 기다리지 않는다.
늘 제시간에 도착해야 한다.

그때 도착하지 못한 마음은
나중에 아무리 애써도
관계의 문을 다시 열지 못한다.
사랑이 아직 남아 있다면
지금 도착해야 한다.
주저하지 말아야 한다.

다정함은 사랑의 크기가 아니라
사랑이 지속되고자 하는 마음의 온도다.
그 온도는 늦지 않게 닿을 때에만
사랑으로 남는다.

믿는다는 말은 의심의 시작이었다

확신은 의심을 보지 않기 위해 세운 무언의 장벽이었다.
나는 그 안에서 안심했고 그 안에서 길을 잃었다.

그녀를 믿었다. 아니 믿고 싶었다. 그녀가 나를 떠나지 않을
거라는 작은 확신 하나쯤은 품어도 된다고 여겼다.

사랑은 감정이 아니라 신뢰라고 생각했다.
그녀가 내 곁이 머물러줄 것이라는 믿음을 사랑했다.

내가 내민 마음을 같은 무게로 받아주며 같은 방향을 바라볼
거라고 믿었다.

그러나 그녀는 그런 사람이 아니었다.
자신에게 존재하지 않는 감정을 나에게 주려 했고
내가 줄 수 없는 것을 기대하고 있었다.

오랜만에 연결된 전화
그녀의 입은 머뭇거리고 있었다.

더 이상 궁금하지 않은 안부
알려주고 싶지 않은 일상
기약해주지 않는 마지못한 답변

나는 그 상황조차 외면했다.
내 손으로 쌓아온 것을 스스로 무너트리고 싶지 않아서.

이별은 갑작스럽지도 않았다.
그것은 이상과 기대가 무너지며 서서히 다가왔다.

그녀는 내가 아닌
자신의 기대 속의 나를 사랑했다.
환상 속의 나를.

그 기대가 무너졌을 때의 침묵
확신이 무너졌을 때의 멈춤

나는 소리를 내지 않았다.
그녀의 기대와 환상에 맞추지 못했다는 부끄러움은
내 안쪽의 내면에서 시작되었다.

그 닿을 수 없는 이상
그 신기루가 사라진 것이다.

하지만
나라는 존재가 사라진 것이 아니다.

내 앞에 놓인 냉정한 현실과 진실을 바라본다.
이제는 누군가의 기대에 휘둘리지 않고
두려움 없이 내 현실을 마주해야 한다.

이제 나 자신을 향해 천천히 눈을 떠야 한다.
사랑은 나 혼자만의 확신이 아니라
서로의 진심 앞에 머무는 일이니까.

끝내 상처로만 남을 줄 알았다
그러나 흔들린 그 자리마다
나는 나를 다시 붙잡았다

상처는 내가 살아냈다는 증거였고
흔적은 내가 나로 남기 위한 길이었다

05.
절정

고요 속에서
울고 있었다

슬픔은 눈물이 아니라
닿지 못하는 그리움에서 시작된다

아무도 존재하지 않는 곳
차가운 절망만이
내 얼굴 위로 번지고 있다

숨이 붙잡힌 듯
외로움의 무게가
목울대까지 차올랐다

끝내 터지지 못한 비명이
흩어져 사라지고

나는
고요 속에서
소리 없이 울고 있었다

부르지 못한 이름

숨겨진 고통은 사라지지 않고
버텨낸 마음은
더 깊이 앓았다

남은 건
나눌 수 없는 슬픔과
끝내 무너지고 있는 나였다

오늘도 괜찮은 척 앓고 있다

고통은 사라지지 않았다.
그 자리에 그대로 주저앉아
떠날 기색조차 보이지 않았다.

감정이 이성을 삼키는 순간이면
고통은 그녀의 이름과 함께
어김없이 고개를 들었다.

지나간 슬픔은 끝없이 되풀이되었고
상실은 허락도 없이 들어와
내 곁에 눌러앉았다.

나는 감정을 꾹꾹 눌러 담으며
'그녀가 왜 나에게 그랬을까'
그 말만 속으로 수없이 되뇌었다.

이성으로 상처를 덧칠하며 버티는 동안
'괜찮아'라는 말만 입술 끝에 걸쳐 두었다.

그러는 사이
끝내 잊지 못한 미련과 그리움은
그림자처럼 따라붙어
마음 깊은 곳을 서서히 갉아먹었다.

지나간 기억을 억누를수록
고통은 낯선 얼굴로 되돌아왔다.
마치 복수라도 하겠다는 듯

아무렇지 않은 척 살아가는 나를 비웃으며
무너뜨릴 기회만 엿보고 있었다.

가장 버티기 힘들었던 날은
이별을 하던 그날이 아니라
무너지지 않으려 애썼던 날들이었다.

고통은 그런 날을 틈타 찾아왔다.
제멋대로 모습을 드러내고
아무 일 없었다는 듯 사라졌다.

시간이 아무리 흘러도
그 먹먹한 기억에서
벗어날 수도, 이겨낼 수도 없었다.
유일한 선택지는
그저 흔적과 함께 살아가는 일뿐이었다.

마음 한구석에 상처를 안은 채
아무 일 없는 얼굴로 하루를 건넌다.

그래서 오늘도
나는 아무렇지 않은 척
지나간 상처를 내 안에 감춰둔다.

누구에게도 들키지 않도록
내 안에서만
아무도 모르게.

나는 오늘도
괜찮은 척 나를 앓는다.

누르다, 지우다, 그리다

그녀의 이름은
내 입술 끝에서 머뭇거리다 이내 흩어졌다.

끝내 부를 수 없기에
추억이 되기엔 상처로 남은 이름.
완성되지 못한 사랑의 잔해.

나는 오늘도 입을 다문 채
입 밖으로 꺼내지 못한 그녀의 이름을 마음속에서 되뇐다.

김 서린 창에 손끝으로 그리던 건
그녀의 이름이 아니라 내가 놓지 못한 그리움이었다.

기억을 거슬러 가슴으로 써 내려간 글자
지워지지 않는 시간의 흔적.

'사랑해.'

나는 유리에 맺힌 글을 보며 슬픔을 삼켰다.
삼키지 못한 말들은 목구멍에 걸렸고
남겨진 침묵은 목을 타고 내려가 가슴에 앉았다.

'이젠 되돌릴 수 없는 일이야.'
그렇게 체념하듯 고개를 떨구며
익숙한 심연으로 가라앉았다.

사랑은 경계를 허무는 일로 시작했지만
허물어진 잔해 위에는 어느덧 체념만 쌓여
더는 넘을 수 없는 담이 되었다.

그 위에 올린 내 마지막 조각은
다시 그 이름을 부르지 않겠다는 다짐이었다.
더는 무너지지 않기 위해서.

하지만 밤이 깊어질수록
그녀의 이름은 어둠 속에서 더 크게 울렸다.
휴대폰을 들었다.
누르다, 지우다
다시 누르다, 멈추다
결국 뜬눈으로 밤을 지새웠다.

소리라도 내어 그녀의 이름을 부르면
마음 한구석이 다시 허물어질 것 같았다.

나는 무너지지 않으려 애써 그녀가 떠난 이유를
이성으로 합리화하며 사랑하지 않는 척 살아야 했다.
그러나 그것은 사랑을 끝내는 방식이 아니라
나 자신을 속이며 하루하루를 버티는 일이었다.

사랑이 떠난 자리에 남은 건
체념과 그리움이 뒤엉킨 끝내 부르지 못한 이름이었다.
나는 오늘도 그녀의 이름을
속으로, 속으로 삼키며 아직도 끝나지 않은 이별을 견딘다.

차마 입 밖으로 나오지 못한 이름.
그 이름은 그녀가 아니라
가슴에 박혀버린
멎어가는 나의 숨이었다.

오늘, 무너지기로 했다

나는 술을 마신 게 아니라 기억을 삼켰다.
입안에 남은 소주의 쓴 맛도
그녀가 남기고 간 향기를 지워내지 못했다.
오늘도 술이 허락한 잠깐의 망각조차
끝내 그녀를 잊게 두지 않았다.

테이블 위에 잔을 내려놓는 소리
까맣게 타 들어가며 튀는 고기 한 점
모든 소리가 그날의 마지막 대화처럼 둔탁하게 울려왔다.

"감정이 솟구치면, 그 자리에 멈춰야 해.
울고 나면 잊어. 마셔. 그러면 눈물도 익숙해질 거야."

위로해 주겠다는 친구 녀석은 뻔한 이야기만을 늘어놓았다.

더 취하기 전에 일어섰다.
아직 기억이 남아 있을 때
이성이 더 무너지기 전에.

취하면 마음의 중심이 흔들리며 기운다.
누군가는 그것을 무너짐이라 부르겠지만
나에게는 무너질 줄 아는 쪽으로 스스로를 기울이는 일이다.

나는 오늘 무너지기로 했다.

선술집을 나와 무작정 걷기 시작했다.
술기운이 목구멍을 지나 가슴을 적셔도
발끝은 습관처럼 그녀를 기억하듯 길을 잡았다.

덜컹거리는 익숙한 지하철 진동
집 앞 벽돌길에서 들리는 풀벌레 소리
그리고 불 꺼진 그녀의 창
모든 것이 아직 끝나지 않은 마음처럼 겹쳐졌다.

목구멍까지 치밀어 오르는 울음
참으려 했지만 참을 수 없었다.
가슴 아래로 쏠려 올라오는 무게
견딜 수 없었다.

입술을 깨물었고 눈을 감았다.
끝내, 남은 감정이 결국 터져버렸다.

***

한바탕 터진 감정을 정리하고 돌아오는
새벽의 택시 안에서 친구에게 전화를 받았다.

왜 아직도 그녀를 떠올리느냐고
왜 술에 취하면 그 이름부터 부르느냐고

나는 대답하지 않았다.
가장 깊은 감정은 말로 설명할 수 없는 것을
이미 알고 있었기에.

나는 그 감정을
가슴 아래로 가라앉히고
침묵을 숨으로 바꿔 삼켰다.

그때 그 말을 하지 않았더라면

차마 하지 말았어야 할 말을 했다.
입을 열기 전부터 이미 알고 있었다.
뜨겁게 달아오르는 후회가 심장까지 퍼져나갈 것을.

늦었다.
나의 말은 화살처럼 빠르게 날아가 버렸다.
되돌릴 수 없다는 걸 알면서도
나는 끝내 그 말을 뱉어 버렸다.

"너 없으면 난 아무것도 아니야."

사랑이라는 이름으로 내어준 고백은
결국 가장 잔인한 칼날이 되어
나를 지탱하던 마지막 자존심까지도 베어버렸다.

그녀의 눈동자가 흔들렸다.
나는 그 순간을 지금까지도 잊지 못한다.
사랑도 미움도 슬픔도 모두 빠져나간 듯
말로 설명할 수 없는 침묵의 눈빛을.

모든 것이 허무하게 끝나버렸다.
그녀는 아무 말도 하지 않고
나를 한 번 바라본 뒤 고개를 돌렸다.

돌아선 그녀의 뒷모습을 보면서도
다시 불러 세우지도 손을 뻗어 붙잡지도 못했다.

그녀가 떠나고 남겨진 자리에는
갈 곳을 잃은 미련의 잔해만
내 한숨과 함께 공기 중을 떠다니고 있었다.

나는 아무것도 아닌 사람이 되어 있었다.
방 안에는 숨결마저 사라진 듯한 정적만이 가득했고
자존감이 터져나간 자리에 남은 것은
모든 것이 사라진 듯한 깊고 차가운 침묵뿐이었다.

그날 이후로
나는 누구에게도 쉽게 말을 건네지 못했다.

말 한마디조차 날카로운 독이 되어 돌아올까 두려웠고
누군가에게 손을 뻗는 대신 호주머니 속에서 주먹을 쥐었다.

그렇게 나는 점점 더 같이 없는 사람이 되어갔다.

나는 그날 하지 말았어야 했던 그 말을
작은 비수처럼 심장 깊은 곳에 품고 살아간다.

그 말은 끝내 그녀도
나도 지켜주지 못했다

내가 부서져 내리면
세상도 나를 외면한다는 것을 그날 처음 알았다.

내 존재를 부정하고
자존감을 내던진 말조차
그녀를 되돌리지 못했다.

멈춘다는 건
끝이 아니라는 걸

흐르지 않는다고
마음까지 사라지는 건 아니라는 걸

바람도
강물도
사람도

언젠가 다시
흐르기 위해
잠시 멈춰 있을 뿐이다

서두르지 않아도 된다
당신은 이미
가야 할 길 위에 있으니까

기다리지 못했고
머물지도 못했다

흔들리고 흔들리다
미련만 남은 자리에는

끝내 지키지 못한
태도만이 남았다

너는 멈춰 있었고 나는 끝냈다

사랑은 끝까지 함께 걷는 것이라고 믿었다
함께 보폭을 맞추며 한 발 앞서거나 뒤처지는 일이 없도록

***

어느 날 그녀가 멈춰 섰다.
힘없이 차창에 머리를 기대어 눈을 감은 그녀.
나는 조심스럽게 그녀의 목덜미에 손을 얹었다.

하지만 닿은 것은 부드러운 살결이 아니라
차갑게 느껴지는 체온과 딱딱하게 굳어버린 몸이었다.

평소처럼 웃던 그녀의 모습은 사라졌고
짧게 내뱉는 숨결마다 쉼표가 걸린 듯 무거웠다.
나는 그 침묵을 일시적인 피로쯤으로 넘겨짚었다.

"좀 쉬면 괜찮아질 거야."

그 말은 그녀를 위한 게 아니라
내 불안과 미안함을 덮기 위한 말이었다.

하지만 그날 밤
그녀의 안정보다 내 확신을 먼저 구하고 싶었다.

"왜 아직도 그러고 있어?"

그녀는 대답하지 않았다.
그저 고개를 들고 창밖만 바라보고 있었다.

지금 생각해 보면
내가 해야 했던 일은 묻는 것이 아니라
그녀의 멈춤 앞에 같이 서 있어 주는 일이었다.

사랑은 확신보다 기다림이 먼저였고
앞으로 가는 것보다 함께 머무는 것이 먼저였다는 걸
그땐 알지 못했다.

나는 그날
그녀의 멈춤을 이별로 착각했고
기다리지 못한 내가 결국, 사랑을 끝냈다.

기다려야 할 때 기다리지 못한 사랑은
미련마저 남기지 않고 끝이 난다.

그날로부터 멀어진 지금
그녀의 멈춤 앞에 서 있던 나의 뒷모습을 되감으며
또 다른 하루를 살아간다.

가끔은
도시의 신호등 앞에 멈춰 선 사람들을 바라본다.
누군가는 조급히 누군가는 천천히
각자의 기다림 속으로 걸어간다.

다음에 누군가가 나에게 멈춰 선다면
조금 더 오래 그 자리에서 머물 수 있기를.

그리고 그 사람이 멈춘 그곳에서
다시 한번
사랑할 수 있기를.

다시 젖고, 다시 엉키고

바닥 타일을 타고 전해지는 세탁기의 낮은 진동음
둥근 창 너머 맴도는 젖은 옷가지들
가만히 앉아 세탁기를 바라본다
돌고 흔들리고 부딪히며 멈추지 않고 돌아간다

***

그날도 세탁기는 돌아가고 있었다.
그녀는 아무 말도 하지 않은 채
수건과 옷가지를 조심스럽게 개어 바구니에 넣고 있었다.
마치 마지막 말이라도 접혀 있는 것처럼.

그녀가 집으로 돌아간 뒤
나는 같은 옷을 다시 넣고 버튼을 눌렀다.

무언가라도 돌려야
이 적막함이 사라질 것 같아서.

***

세탁기는 곧 멈춘다.
회전이 느려지고 '삑' 하는 소리 하나면
이 모든 소용돌이는 끝난다.

이 마음도 세탁기에 넣고 헹궈서 널면 얼마나 좋을까.

하지만 지나간 시간은 세탁기에 넣을 수 없고
그리움은 탈수가 되지 않는다.

젖은 마음을 그대로 쥡고 또 하루를 견딘다.

상처가 지워질 거란 기대도
그리움을 말릴 수 있으리라는 기대도 없이
그저 돌아가는 그 둥근 물살을 멍하니 바라본다.

젖고, 다시 젖고
엉키고, 다시 엉키고
흔들리고, 또 흔들리겨.

***

세탁을 마친 후
옷가지들을 니다 걸었다.

햇살이 스며드는 창가에는
젖은 셔츠 끝에
아주 조금씩 빛이 내리쬐고 있었다.

물방울이 떨어지는 셔츠 끝에도
햇살이 스며들 듯
언젠가 내 안에도
새로운 빛이 도착하겠지.

오늘도 나는
세탁기 속에서 내 마음을 돌린다.

후회하지 않는 침묵

전화기 너머로 짧은 숨소리가 흘렀다.
그녀도 나도 아무 말도 하지 못했다.

"… 잘 지내?"

긴 망설임 끝에 꺼낸 말이었다.
그리고 돌아온 단 한 마디.

"전화하지 말아 줘. 더 이상 듣는 게 힘들어."

꺼져가는 목소리였지만
그 말은 수화기 너머를 지나
그대로 내 가슴에 꽂혔다.
그것이 마지막이었다.

미안하다는 말도
이해한다는 말도 끝내 삼켰다.

끊어진 숨소리
텅 빈 통화음이 방 안을 가득 채웠다.

그날 이후
그녀에게 전화를 걸지 않았다.
그 말 한마디가 나의 모든 것을 멈춰 세웠다.

***

그때 그 말을 했더라면 어땠을까.

"미안해. 내 잘못이야."
"아직 너를 잊지 못했어."

그 흔한 말 한마디라도 건넸더라면 달라졌을까.

하지만 아무 말도 하지 않았다.

집착처럼 보이면 그녀의 마음이 더 멀어질까 봐.

***

어쩌면 그 말까지는 하지 않아서 다행이었다.

그녀를 원망하는 어리석은 한마디가
서로를 더 아프게 했을지도 모른다.

침묵했기에
어쩌면 추억으로도 남을 수 있을지도 모른다.

지금도
어떤 말은 끝내 꺼내지 않은 채
마음 안쪽에 조용히 접혀 있다.

보내야 할 사랑

사랑은
누군가 곁에 서는 일이 아니라
흔들리는 나를 붙잡는 일이었다.

머무는 것만이 사랑의 증거인 줄 알았지만
머무를 수 없음을 받아들이는 용기도 어쩌면
더 큰 사랑이니까.

함께 있어도 사라지지 않는 고독이 있다는 걸
너무 늦게 알았다.

침묵이 말보다 많은 것을 말하고 있고
끝내 삼킨 한마디가 사랑을 지키는 마지막 배려라면,

머무는 이유가
상대의 행복이 아닌 내 불안을 덮기 위한 것이라면,

그건 사랑이 아니라 내 상처의 그림자니까.
내 상처를 덮자고 그녀를 붙잡는 것은 사랑이 아니니까.

그래서
이제 나는 그녀를 붙잡지 않으려 한다.

하지만…
놓은 손끝에서 사라지지 않는 슬픔이
끝내 내 마음을 떠나지는 않았다.

그 길의 끝엔 아무도 없었다

무언가가 무너지고 있다는 걸
어렴풋이 느끼고 있었다.
하지만 어디서부터 잘못된 것인지는 알 수 없었다.

지하철 바닥에는 식은 커피 한 잔이 버려져 있었고
누군가의 휴대폰에선 진동음에 내 신경이 곤두섰다.

익숙한 소음과 축축한 냄새.
이 잿빛 도시의 저녁은
어딘가로 떠밀려가는 기분을 더 짙게 만들었다.

지하철 차창에 비친 내 얼굴이 어쩐지 낯설다.
이 공간은 나를 어디론가 데려가고 있었지만
나는 그 어디에도 닿지 못했다.

아무도 기다리지 않는 차창 밖 풍경 속에서
나는 길을 잃고 있었다.

도시의 등 뒤로 어둠이 내려앉고
전철은 덜컹거리며 동쪽으로 미끄러진다.
어제와 같은 자리에서 스쳐가는 도시의 풍경을 바라본다.

차창 밖의 사람들은
불빛과 함께 제각기 갈 곳을 찾아 흘러가고 있었고
나는 어둠 속으로 빨려 들어가고 있었다.

늦은 밤 전철 안은 생각보다 조용하다.
덜컹거리며 흔들리는 무거운 눈꺼풀들

모두가 하루를 버텨낸 안도에 잠겨 있지만
나는 그 안도의 한숨에도 닿지 못하고 있었다.

차창 밖 풍경은 점점 멀어진다.
멀어질수록 내가 어디로 가고 있는지도 알 수 없었다.
내릴 곳을 지나쳐 그저 동쪽으로 향하는 전철에 몸을 실었다.
아무도 기다리지 않는 곳으로…

철로를 따라 흘러가는 전깃줄
스쳐 지나가는 희미한 가로등 불빛
차창 밖을 스치는 붙잡히지 않는 바람만이 나와 함께 있었다.

불현듯
지나온 방향을 바라본다.
점점 더 작아지는 불빛
다시는 돌아갈 수 없을 듯한 철로
무심히 지나쳐온 풍경이 이제야 무언가를 말해주는 것 같다.

문득 겁이 난다.

'혹시, 너무 멀리 와버린 건 아닐까.'

돌아가고 싶지만 돌아갈 곳이 없다는 사실 앞에서
나는 더 멈추지 못했다.

길은 나를 기다리는 곳을 향해 뻗어 있다고 믿었지만
이 길은 아무도 기다리지 않는 곳으로 나를 데려간다.

정거장마다 문이 열리고 닫혔지만
나는 어디에도 발을 내딛지 못했다.

삶은 분명 진행 중인데
어느 순간부터 내려야 할 곳을 잃어버렸다.
닿을 곳도 없고 내 이름을 불러줄 사람도 없었다.

내 이름조차 흐릿해지는 풍경 속으로
나는 사라지고 있었다.

나는 멈춘 게 아니었다.
애초에 도착할 곳도 없이
흘러가고 있었을 뿐이었다.

그렇게
아무도 기다리지 않는 길의 끝에서
나는 나를 잃어버리고 있었다.

멈춰버린 시간
모두가 잠든 밤에도
슬픔은 흐르고 있었다

견디는 척, 괜찮은 척, 살아가는 척

아침 7시 20분, 경춘선 천마산역.
나는 오늘도 플랫폼 위에 선다.
하늘은 열려 있지만 마음의 창은 굳게 닫혀 있다.

누군가는 출근을 위해
누군가는 이별을 안고
누군가는 그저 살아내기 위해 여기에 서있다.

도착을 알리는 안내방송이 멀게만 들렸다.
내 귀는 아직도 그녀가 마지막으로 남기고 간
침묵의 데시벨에 맞춰져 있었다.

흔들리는 전철 속.
콩나물시루처럼 사람들끼리 몸을 부대껴도
누구 하나 아무런 불평도 하지 않는다.
밀리지 않으려 차가운 손잡이를 잡고
표정 없는 사람들 틈어 섞여
오늘도 아무렇지 않은 척 살아가는 흉내를 낸다.

***

살아내는 데엔 별다른 이유는 없었다.
출근이라는 이름 아래 반복되는 움직임 속에서
오늘 하루가 나를 외면하지 않기만을 바랄 뿐이었다.

차창에 비친 내 얼굴어는
미소 대신 우울함이 버어 있었고

말없이 스러진 어제는
의미 없는 오늘의 하루 위에 포개졌다.

우울한 지난 기억들은
사무실 책상에도 내려앉아 나를 잡아당겼고
아침 커피의 쓴맛은
그녀와 함께 있던 그날의 향기로 돌아와 내 목을 막았다.

이젠 숨 쉬는 일조차 나에게 미안해진다.
시간은 분명 흐르는데 내 안의 계절은
그녀와의 마지막 계절 속에 멈춰 있었다.

'왜 아무 말도 하지 못했을까.'
'왜 더 붙잡지 않았을까.'

입안에서 썩어가는 문장들이 '딱 한잔만 하자'는
점심 반주 한잔에 다시 떠올랐다.

휴대폰을 꺼내 전하지 못한 문자 한 줄을 들여다본다.
버티는 척하고 있던 마음의 깊숙한 곳을 또 내가 건드렸다.

지하철 창 너머 풍경
플랫폼에 울리는 방송
사무실 공기, 커피 한 잔
이 모두가 나를 과거로 끌어당기는 트리거다.

상실감 하루의 틈마다 스며들었고
나는 세상 속에서 '아무렇지 않은 척'을 반복했다.

어울려 살기 위해 걷는 척했고
걱정을 끼치지 않으려 견디는 척, 살아있는 척을 했다.

그 걸음은 내 부서짐을 감추는 연극이었고
견딤은 감정을 침전시키는 은밀한 의식이었다.

퇴근 후 빈 방구석에 앉아 그녀의 전화번호를 지웠다.
하지만 손가락은 계속 그녀의 이름이 있던 자리를 맴돌았다.

다시 그녀의 이름을 저장했다.

***

견딘다는 건 아무래도 의지가 아니었다.
그냥 하루에 떠밀려 다니는 것이 견디는 것 같았다.
어쩌면 살아간다는 건 선택이 아니라
유예된 불행일지도 모른다는 생각이 들었다.

걷고 있었지만
과거에 머문 채 그 시간을 걷고 있었고
견디고 있었지만
하루에 떠밀려 그저 살아내고 있었다.

그렇게 나는 꺼진 하루 위에
또 다른 하루를 얹으며 하루를 더 살아갔다.

그러던 어느 날
'지금 익숙한 것들이 처음부터 내 것이 아니었다'는
생각이 들었다.

이별이라는 낯섦에 적응한 감정들이
사실은 '익숙함'이라는 이름으로
포장되어 있었던 것이 아니었을까.

슬픔도 사랑도 후회도
원래부터 내 것이 아니었으니까.

***

그 익숙해진 감정들 틈 사이로
아주 작은 변화가 고개를 들었다.
딱히 요란하지도 않았다.

'이제는 살아야 한다'는 작은 의지 하나가
내 안에 자라나고 있었다.

남아 있는 미련들을 하나씩 놓기 시작했다.
불안은 안도로, 절망은 용기로
어제의 좌절은, 내일의 기대로

잠들기 전 욕실 거울 앞
물기 맺힌 얼굴을 바라보며 웃으며 말했다.

"오늘도 살아냈네?"

그 말이 진심이 아닌 날도 많았지만
오늘만큼은 그 말이 나를 되찾아주는
숨결처럼 다정하게 다가왔다.

때로는 기약 없이 견뎌야만 하는 하루 속에서도
스스로를 다시 불러줄 희망을 기다린다.

비록 내일은 마음이 다시 바뀌더라도
그래도 오늘 하루만큼은…

아무리 어두운 길도
끝은 있다

어두울 때는
작은 빛 하나도
길이 된다

보이지 않는다고
없어진 게 아니고
느껴지지 않는다고
사라진 게 아니다

나는 지금
나의 길을 걷고 있다

보이지 않아도
느껴지지 않아도
멈추지 않고
한 걸음씩
앞으로

절정

나는 울지 않았다.
목 끝까지 차오른 울음을 끝내 삼켰다.

세상은 나와 아무 일 없다는 듯 흘러갔고
나는 그저 살아가기 위해
슬픔을 억지로 접어 넣었다.

발끝에 낯선 무게가 달라붙고
사람들 틈에서 내 존재는 점점 흐려졌다.

세상에서 투명해진 나는 자리를 잃고 흔들렸다.
누군가 나를 알아채주길 바라는 마음조차
이내 희미해졌다.

눈을 감으면
내 안에서만 들리는 울음이 귓가를 맴돌았다.
어디로도 빠져나가지 못한 감정은
밤의 적막을 비집고 차가운 숨결이 되어 방 안을 맴돌았다.

빛 하나 닿지 않는 불 꺼진 방 안에서
나는 두 팔로 나를 끌어안았다.

누군가 나를 안아주길 바랐지만
내 곁엔 아무도 없었고
손끝엔 그녀의 체온 대신
차가운 공기만 내려앉았다.

가만히 쥔 주먹 안에서
손톱이 살을 파고드는 감각만이
내가 아직 살아있음을 증명해 주었다.

눈물은 흐르지 않았다.
마음 깊은 곳 바닥 없는 웅덩이처럼
슬픔이 천천히 차올랐다.

가슴속에 이미 무언가 가득 차 있어
내쉬는 숨조차 버거웠다.
이 감정이 나를 파멸로 이끌까 두려웠다.

울지 않는다는 건 감정이 사라진 것은 아니라
바깥으로 흘러나올 기운조차 남지 않았다는 뜻이었다.

그날 밤
욕실의 물기 맺힌 거울 앞에서
기어이 슬픔이 물방울에 섞여 하수구로 흘러내렸다.

참았던 시간들이
눈가에 맺혀 서서히 앞을 가리고
안으로만 삼켰던 울음이
소리 없이 가슴 안쪽에서 산산이 흩어졌다.

거울 너머의 내가 나를 바라보고 있었다.

그도 아무 말도 하지 못한 채
슬픔을 바닥으로 흘리고 있었다.

만취

흔들리는 사람은 늘 잊으려는 쪽이다.

잔을 들었다.
투명한 액체가 잔을 타고 돌았다.
떨리는 손끝에서 살며시 파문이 일었다.

지금 흔들리는 건 내 손일까.
아니면 그녀의 마음일까.
아니, 이 밤 자체가 흐느끼고 있는 것만 같았다.

시끄러운 소음과 어지러운 조명 빛 가득한 천장
얼굴에 닿는 숯불의 뜨거운 열기
물기를 가득 머금고 옆에 쓰러진 검은 우산.

마시기 전엔 견딜 수 있을 줄 알았다.
괜찮다고… 잘 지낸다고… 이젠 정말 끝났다고
말할 수 있을 줄 알았다.

목을 타고 내려간 건 술이 아니라
그날의 잔상이었다.

나는 기억을 지우기 위해 마셨지만
가장 먼저 떠오른 건
눈 내리던 날의 그녀의 따뜻한 입김
하얀 팔목을 가려주던 코트의 주름
말끝을 맴돌던 다정한 목소리
그리고 그녀가 씌워주던 검은 우산.

오늘은 취하기로 했다.
그것이 기억의 표면을 풀어
지나간 마음의 미련이더라도.

한 잔이 또 한 잔을 불렀고
기어이 마지막 한 잔이 채워지고 나서야
그녀를 다시 불러낼 수 있었다.

나는 기억을 마셨고
그녀는 내 안에서 되살아났다.
울기엔 너무 늦었고 붙잡기엔 이미 멀어진 그림자.

눈앞의 그녀를 보며 술잔을 들었다.
들키지 않기를 바라는 마음을 목으로 넘겼다.
기억은 술잔 속에 흐느끼며 몸 안으로 번졌다.

만취.
기억을 지우는 것이 아니라
되살아나는 기억에 몸을 내맡기는 일

그 밤에도 나는 끝내 말하지 못했다.
잊지 않겠다는 말도… 다시 사랑하겠다는 말도…

사랑은 이미 끝났지만
남겨진 사랑은 술잔을 타고 제멋대로 흘러들었다.

다시 잔을 채웠다.

'넌 나보다 더 취해 있겠지.'

지워지지 않는 기억

모든 것을 지우고 싶었다.

상처와 기억
내가 나였던 시간들까지도.

텅 빈 마음으로 처음처럼 다시 살아보고 싶었다.
깨끗해진 기억 위에 새로운 하루를 얹고
아무 일도 없었던 사람처럼 살아가고 싶다.

그러나 지우려 애쓸수록
상처는 더 깊게 나를 파고들었고
외면하려 하면 할수록
외로움은 더 또렷해졌다.
버릴수록 마음은 더 무겁게 가라앉았다.

나는 믿었다.
지워야만 자유로워질 수 있을 거라고.

그때 그 마음
그때 그 선택
그 모든 것들은 결국 나였으니까.
그런 나를 지워야
비로소 나를 벗어날 수 있을 거라고…

하지만
이제는 지우는 대신 껴안아야 한다.

비틀거렸던 나
울지 못했던 나를

이제라도 외면하지 않고
나를 안아야만 한다.

나는 아직 무너지지 않았다.

아니,
무너진 채로도
끝내 살아야 한다.

고요 속에서 울고 있었다

마음은 항상 그 자리에 머물러 있었다.

지나간 하루는
또 다른 하루의 그림자처럼 포개졌고
나는 살아 있는 게 아니라
가라앉는 모습으로 하루를 견뎠다.

눈물을 삼킨 밤들이 길어졌다.
나는 아직도
그녀가 사라진 그 자리에 앉아 있었다.

그 자리는 기억이 아니라
사라지지 않은 잔상이었다.

지나간 미련은 시간 속에서
더 길게 머물렀고
그 시간은
그 무엇으로도 채워지지 않았다.

나는 공허한 심연 속에서
하나씩 분해되고 있었다.

이별 뒤 찾아오는 고요함은
평온이 아니었다.

모든 것이 사라진 자리에 남겨진
깊고 텅 빈 공허였다.

그 안에서,
이름 붙일 수 없는 감정들이
비워진 방 안을 헤매듯
마음 곳곳을 휘저으며 떠다녔다.

지나간 사랑은
어떤 이에게는 추억이 되지만
어떤 이에게는
벗어날 수 없는 공허를 남긴다.

나의 사랑은 추억이 되지 못했다.
나는 그녀를 떠나보내지 못한 채
슬픔이 발끝으로 흘러 사라질 때까지 걸어야만 했다.

나는 오늘
그 고요한 심연 속을 걸으며
울고 있었다.

소리 없이
이유도 모르고
끝도 없이…

시간이 멀어지면
조금은 덜 아프게 느껴지는 날이
찾아오기를…

내 안의 무언가가
다시 깨어나기를…

부디,
그날이 다시 찾아오기를…

행복해야만
살 수 있는 건 아니다

흔들려도
멈춰도
눈물에 젖어도 괜찮다

상처는 지나가지만
남겨진 마음이
끝내 나를 지켜준다

아픔도 결국
나를 지나는
하나의 시간이니까

독백

어떤 날은
그냥 사라지고 싶었다.
아무도 눈치채지 않게
발자국도 그림자도 남기지 않은 채

눈을 감고
그날의 아침을 가만히 그려본다.
창문 틈으로 햇빛이 스며들고
라디오에선 하루의 시작을 알리는 음악이
어제처럼 흘러나오겠지

거리엔 나 없이도
이 도시를 가로지르는 사람들의 발걸음과
카페 점원들의 커피 내리는 손끝이 바쁘게 움직일 거야.

'혹시 아주 짧게 내 이름을 떠올리는 사람이 있을까?'

하지만 곧
모두 각자의 삶으로 되돌아가겠지.
그리고 나는 그 흐름 속 기억에서 사라질 거야.
아무 일도 없었다는 듯.
아주 자연스럽게.

그 상상은 슬펐지만 낯설지는 않네.
어차피 모든 생은 흘러가는 틈에
잠시 머무는 흔적일 뿐이니까.

남들 앞에선 내가 멀쩡한 척 웃었지만
불 꺼진 방 안에서 혼자 남은 밤이면
이불을 끌어안고 숨을 죽이는 것도 이젠 지겨워.

하지만 그럼에도 나는 살아남을 거야.

누구도 기억하지 않아도 괜찮아.
내가 남겨놓은 발자국 하나 없어도 괜찮아.
이제는 내가 나를 놓지 않을 거니까.

사라지고 싶다는 마음의 끝엔
늘 한 사람의 얼굴이 떠오르거든.
공허 속에서 나를 꺼내
이 세계에 존재하게 한
단 하나의 이름.

그러니
내 안의 어둠 따위는 중요하지 않아.
그 이름이 내가 또 하루를 살아내야 할 이유니까.

내가 잊히는 것보다 더 아픈 건 엄마의
기억 속에 상처로 남게 되는 일.
그녀가 지금껏 나를 위해 흘렸던 눈물을 떠올릴 때면
나는 차라리 무의미한 존재로 남아도 괜찮아.

삶이 나를 밀어낸다 해도
그녀의 마음에 마지막 칼날이 되고 싶지 않으니까.
그건 죽음보다 더 깊은 잔혹이니까.

견딘다는 건 살아 있다는 것과 조금 다르더라.
살아 있는 것은 그저 숨 쉬는 일이지만

견디는 것은
고통과 함께 살아내야 하는 일이니까.

애초부터 나라는 존재는 누군가를 위해
누군가에게 증명하려그 태어난 것이 아니야.

내가 나로 살아가도 충분하다는
엄마의 가장 존엄한 선택이니까.

그러니 그저 숨 쉬는 것만으로도
충분할지도 몰라.

지금은
아무에게 닿지 않아도 괜찮아.
오늘도 어제처럼 거지같이 살아내도 충분하니까

지워지지 않으려고 버려지지 않으려고
누군가의 기억 속에서 다정한 척
머무르는 것은 이제 그만할래.

사라지고 싶다는 생각은 끝이 아니라
시작으로 생각할래.

내 마음을 꺼간은 채
계속 존재하기로 결심한 것.

죽고 싶은 마음보다 그 무게를 품고
다시 하루를 살아가야 하는 것.

내 존재의 무게를 견뎌내야
누군가의 어둠을 잔잔히 비출 수 있다는 것을.

이번에
아주 단단히 깨달았어.

오늘 이 하루가
내가 지워진 세상 속에서도
끝내 내가 살아내는 방식이 될 거야.

나는
끝내 살아낼거야.

흔들려도
멈춰도
부서져도

나는
그 모든 순간에도
살아 있었다

흔적처럼 남은 기억
지워지지 않는 상처속에서도

끝내
나를 지켜냈다

고통도
결국은
나였으니까

06.
회복

다시 나로
살아가기 위해

상처는 아직 아물지 않았다
슬픔은 삶의 가장자리에 머물고
나는 그 곁에서 숨을 고르며 하루를 건넜다

견딘다는 말로 다 담을 수 없는 시간
지나온 흔적이 내 안을 바꾸어 놓았다

기적은 끝내 오지 않았다
남겨진 것은 지워지지 않는 흔적과
그 위에 얹힌 숨결 하나

지우려 했던 시간들도
다시 열고 싶은 마음도
모두 나였다

혼자인 시간이
내 안의 문을
천천히 열고 있었다

혼자인 것이 끝은 아니야

1. 혼자라는 자리

누군가 곁에 있을 때도
텅 빈 방에 홀로 남겨졌을 때도
나는 늘 나였다.

사랑이 내 안을 환하게 채울 때도
그 사랑이 저물어갈 때도
나는 스스로 선택한 삶의 끝자락에서
멈추지 않고 버텼다.

수많은 계절과 상처
지나간 시간의 파도 속을 걸어
나는 지금 여기에 서 있다.

***

2. 나만의 길

누군가 그려놓은 운명의 선이 아니라
흔들리고 때로는 주저앉으며
내 안에서 살아낸 오늘이 나의 삶이었다.

이렇게 나는 다시 나로 살아간다.
아무도 대신할 수 없는 단 하나의 오늘로.

나는 누구 때문이 아닌 나로 홀로 서 있다.
삶의 이유도 목적도 없이 태어난 존재.
굳이 세상에 잘 보이려 애쓸 필요는 없다.

어디로 가야 할지 알 수 없는 이곳에서
오늘도 나만의 방식으로 하루를 건넜다.

정해진 길은 없었지만
걷다 보면
누구도 대신 걸어줄 수 없는 그 길이
그 나만의 길이 다시 보이겠지.

***

3. 외로움과 고독

외로움은 본능처럼 다가왔다.
곁에 누가 있어도 북적이는 한가운데에서도
외로움은 어김없이 스며들었다.

외로움은 타인과의 거리가 만든 허기다.
하지만 고독은 다르다.
고독은 흩어진 나를 다시 모으는 시간이다.
외로움이 나를 흔든다면
고독은 나를 단단하게 세운다.

고독 속에서는 스스로를 바라보고
마음의 결을 다듬을 수 있다.
타인의 시선이 아닌
오롯이 자신의 목소리에 귀 기울이며
비로소 나와 마주할 수 있는 시간이다.

외로움이 허기라면
고독은 나를 채우는 고요한 힘이다.

***

4. 외로움과 책임

외로움을 견디지 못하면
함께 있어도 사랑받고 있다는 확신보다
설명할 수 없는 허전함이 더 크게 남는다.

서서히 퍼지는
외로움이라는 그림자 앞에서 끝내 남은 건 하나
자신의 삶을 끝까지 책임질 사람은
결국, '나' 뿐이라는 사실이다.

***

5. 누군가 함께 있어도 외로운 이유

'누군가가 곁에 있으면 외롭지 않다'는 말
그 말은 '곁에 있기만 해도 마음이 채워져야 한다'는
조건이 숨겨져 있다.

아무리 가까이 있어도 지워지지 않는 외로움도 있다.
그건 공허를 견디지 못해 사랑이라는 이름 아래
타인에게 기대려 했기 때문이다.

자신의 고독을 견뎌낸 사람만이
타인의 외로움 앞에서도 머무를 수 있다.

고독은 흔들리는 마음을 가라앉히고
결핍을 견디는 힘을 길러준다.

그 시간을 지나야
비로소 타인의 상처를

있는 그대로 바라볼 수 있다.
사랑은 그렇게 시작된다.

***

6. 고독의 끝, 사랑의 시작

고독했던 시간은 끝이 아니라
스스로를 온전히 살아내기 시작한 순간이다.
함께하고 싶어서가 아니라
혼자여도 충분했기에 맞이하는 사람.

사랑은
자기 상처를 끌어안은 두 사람이
서로의 결핍과 불안 앞에서 물러서지 않을 때
비로소 완성된다.

***

7. 혼자인 것의 의미

나는 고독할 수 있었기에
다시 나를 사랑할 수 있었고
그제야 비로소 나로 살아갈 수 있었다.

모든 시간이 저물고
어둠이 세상을 덮을 때
끝내 알게 되었다.

혼자인 것이 끝이 아니라는 것을.

잊는 것이 아니라 받아들이는 중입니다

모든 것은 흘러갔다.
흩날리던 꽃잎은 바람에 씻겨 사라지고
창밖의 빛은 저물어 방 안에 희미한 어둠만이 남았다.

그 얼굴의 다정함은 어느 계절에도 닿지 못한 채
스치는 바람처럼 멀어졌다.

시간은 흐르는 강물처럼 쉬지 않고 흘러갔다.
내 마음은 강바닥에 가라앉은 돌멩이처럼
움직이지 못한 채 깊은 곳에 머물러 있었다.

차가운 침묵이 물살처럼 스쳐 지나가고
나는 가끔 물결에 흔들리면서도
끝내 제자리에서 벗어나지 못했다.

말로는 설명할 수조차 없는 이 답답한 현실은
아무도 알아보지 못하는 혼탁한 강물이 되어 흘러갔다.

아침이면 여전히 그녀가 좋아하던 커피를 내린다.
텅 빈 식탁에 앉아, 한 모금씩 삼킨다.
그리움은 그런 혼자만의 시간이면 어김없이 밀려온다.

손끝은 문장 하나조차 써 내려가지 못했고
기억은 자꾸만 그날의 시간을 거슬러 가려했다.
나는 아직도 그날의 문턱을 지나지 못한 채 머물러 있었다.

그녀가 떠난 이후
나는 날짜를 세는 것을 관두었다.

홀로 남겨진 텅 방에서
무채색의 하루를 부유하고 있었다.
상처를 극복하거나 치유하려 하기보다는
그저 살아내는 흉내만 내고 있었다.

내 마음은 꺼져가는 모닥불 같았다.
격렬한 불꽃은 사라지고
이제는 잔불만 남은 그곳에서
나는 스스로를 눌러 쥐우고 있었다.

재가 되어 흩어지기 전
마지막 그을음 속에 남아 있는 숯을 보았다.
아직 미약한 열기를 품고 있는 작은 온기를 느끼며.

어쩌면 완전히 사라지 않은 희망이
내 안에 아직 남아 있을지 모른다고 생각했다.

'장작을 더 넣으면 다시 불꽃이 된다.'

장작을 더 넣을지, 그대로 불을 꺼트려
재가 되어 흩날릴지는 나의 선택이다.

모든 것이 끝난 줄 알았던 자리에서
나는 아주 천천히 장작 하나를 주워 들어
숯만 남은 모닥불 위에 올렸다.
이대로 불꽃을 꺼트려 버리기에
아직 이 밤이 너무 추웠으니까.

***

기억은 아직 따뜻하지만
그녀가 없는 삶은 여전히 낯설었다.

그 낯섦 속에서 나는 조심스레
원래 익숙했던 나의 삶으로 돌아가려 한다.

불을 다시 지피기로 한 순간부터
이 밤은 더 이상 차갑게 느껴지지는 않았다.

누군가의 온기가 사라진 자리에도
내 안의 의지만 있다면
충분히 다시 하루를 밝힐 수 있다는 걸 알았다.

나는 이제
그리움을 잊으려 애쓰기보다는
그 그리움과 함께 남겨진 나 자신을
받아들이려 한다.

상처도, 그리움도
내 안에 남아 있는 잔열과 함께

말없이 타오르는
작은 불꽃처럼…

지우고 싶은 그 마음까지도

사랑을 지우려 했다.
기억을 밀어내고 모두 지우려 했다.

하지만 애써 밀어낼수록
사라지는 것은 사랑이 아니라
그 사랑을 품었던 나 자신이었다.

상처는 시간이 흐르면 희미해질 수 있었지만
그 안에서 숨 쉬었던 시간까지는 지워지지 않았다.

상처는 아물어도 흉터로 남듯
시간 위에 새겨진 기억은
희미해질 뿐 완전히 사라지진 않았다.

나는 지우는 대신
남아 있는 것들과 함께 살아보기로 했다.

잊으려 애쓰기보다는
끝내 잊히지 않는 것들을
그대로 끌어안아 보기로 했다.

살아 있었던 모든 순간과
그 순간을 사랑했던 나.
그것은 지워야 할 고통이 아니라
오히려 기억해야 할 '나'였다.

어떤 기억은 잊으려 할수록 더 또렷해지고
어떤 사랑은 끝났어도

아픔이 끝나지 않는 이유를
이제는 알 것 같았다.

남은 상처는 지우는 것이 아니라
함께 살아가는 흔적이었고,
남겨진 기억은 잊는 것이 아니라
시간을 품고, 다시 나를 세우는 일이었다.

지우고 싶은 그 상처까지도
잊으려 했던 그 기억들까지도
결국, 모두 사랑이었다.

지우려 해도 끝내 남아 있는 것.
잊으려 해도 끝내 사라지지 않는 것.

그 모든 것이
오늘의 나를 살아있게 한다.

머물던 곳은 이제 기억이 되었다

함께 걷던 길 위로
몇 번의 계절이 지나갔다.

노을빛으로 물든 저녁하늘
매운 향이 가득했던 오래된 식당
우산 아래 가까워지던 거리.

그 모든 풍경은
너라는 이름을 입은 계절이었다.

그날의 공간은 기억 속에 잠겼고
시간은 말도 없이 나를 담아갔다.

김치찌개가 끓어오르던 낡은 양은냄비
벽마다 얽힌 사람들의 낙서
그리고 아무 말 없이 나를 바라보던 얼굴 하나.

변한 건
시간뿐이었다.

컵 하나만 놓인 자리
비워진 의자.
기억은 나보다 먼저 이 곳에 도착해
나를 그날의 자리로 앉혔다.

그리움은
이 공간을 시간으로 조각하고 있었다.
나는 그 시간 위에 앉았다.

지금 너는 내 곁에 없지만
함께 머물던 순간이
식탁 위에 다시 놓여 있었다.

그렇게 너와 머물던 순간들이
이 공간을 다시 걷기 시작한다.

머물던 곳은 기억이 되었고
그 기억은
지워진 과거가 아니라
오늘의 나를 살아 있게 하는
새로운 흔적이 되었다.

그 흔적은
내 안에 남아
내일의 나를 걸어가게 할 것이다.

나는 향수를 모은다

방 안엔 아직 그녀의 계절이 머물고 있었다.
옷장 문을 여는 순간 그녀의 잔향이 코끝을 스쳤다.

내 옷에 스며든 그녀의 향기만은
아무리 시간이 흘러도 쉽게 사라지지 않았다.

손에 닿았던 그녀의 살결도, 웃음에 섞여 퍼지던 목소리도
지금은 모두 사라졌지만 그녀의 향기만은 여전히 남아 있었다.

그녀가 머물다 갔음을 증명하는 잔향.
그것은 그녀의 남겨진 숨결이자
내가 아직도 잊지 못한 기억의 한 구절이었다.

***

나는 향수를 모은다.
지나간 시간을 되돌릴 수 없기에
그날의 순간과 감정을 향기로 대신 보관하는
내 오랜 취미다.

어머니에게 베어 나오던 아기 파우더 향.
첫사랑이 스쳐 지나갈 때 묻어온 상큼한 풀잎 내음.

잊었다고 생각했던 오래전 옛 기억들이
향기 하나에도 선명하게 되살아난다.

향기는 이름보다 선명하고 세월보다 오래 남는 흔적이다.
그래서 사람들은 향기로 사랑이나 그리움
지나간 시간을 기억하는 것인지도 모른다.

향기는 마음의 가장 깊은 서랍을 여는 열쇠이자
닫히지 않는 창문이었다.

그녀의 향기도 마찬가지였다.
잊으려 할수록 더 선명해졌다.
이름조차 붙이지 못한 그 향기를
기억의 저편으로 넘기기엔
그 향기가 너무 시리고 아프다.

어느 날 거리에서
그녀의 향기가 바람에 실려왔다.
나는 그 자리에서 숨이 목구멍에 걸렸다.
지나간 줄 알았던 감정들이
방금 전 일처럼
아직 끝나지 않은 일처럼 되살아났다.

사랑이라는 감정은 이미 흩어졌지만
그 향기는 여전히 나를 알아본다.

숨을 다시 쉬기 위해 나는 코끝을 감쳤다.
기억에 휘말리지 않으려 애썼지만
한 번 스며든 감정은 숨결 속에서 되살아났다.

그리움은 예고도 없이 나를 흔들어 깨웠다.

***

그래도 나는 여전히 향수를 모은다.
누군가의 따뜻했던 순간을 내 안에 남기기 위해

이 시간 나를 감싸는 향기들은
언젠가 기억이 흐릿허질 나를 놓치지 않도록
내 곁에 머물 테니까.

그녀를 잊는 방식으로 나 자신을 다시 살아낸다.
향기 하나에 잠들어 있던 감정이 나를 깨운다.

누군가를 다시 사랑하고 싶은 마음
두려움보다 먼저 찾아온 그 향기 하나가
다시 나를 일으킨다.

***

오늘 새로 산 향수를 옷장에 뿌렸다.
그녀의 잔향이 아직 머무는 그곳에
내 하루의 흔적도 함께 걸어 두었다.

그리고 이번엔 울지 않았다.

내 안에 새로운 숨은
다시 다른 계절의 문을
열어야 하니까.

닫았지만 열리고 싶었다

마치 오래된 집의 창문 같았다.
내 마음은 빛이 스며들 틈조차 없이 닫혀 있었다.

처음엔 이 창문이 나를 지켜줄 거라 믿었다.
상처받지 않으려면 세상과 나 사이를
가로막는 창 하나쯤은 필요하다고 생각했다.

하지만 시간이 흐를수록
창문 너머 세상은 점점 흐려져 보이지 않았고
기억은 먼지처럼 가라앉았다.
두꺼운 커튼이 드리운 방 안에는
그 어떤 소리도 들리지 않았다.

며칠 전부터
창문에서 창문을 두드리는 듯한 소리가 들려왔다.
나는 그 소리를 외면하려고 귀를 막았다.

어느 날
그 소리가 멈췄다.
궁금해서 커튼을 열고 그 자리를 바라보았다.
창문 밖에 낡은 열쇠 하나가 놓여 있었다.
누군가 도착하면 열어주라고 남겨둔 것처럼 보였다.

그 열쇠를 손에 쥔 채 망설였다.
창을 열면 거친 바람과 함께
또다시 상처가 밀려들지 모른다는 두려움이 일었다.

하지만
이제 그만 문을 열고 싶다는 생각도 함께 들었다.

햇살 한 줄기가
금이 간 창문을 따라 비춰오던 날
나는 결국 커튼을 젖히고 낡은 잠금장치를 돌렸다.

쉽게 열리지는 않았다.
낡고 굳은 창틀이 내 오랜 두려움처럼 삐걱거렸고
그 좁은 틈 이로 빛이 조심스럽게 스며들었다

아직 활짝 열 용기는 없지만
좁은 틈 하나쯤은 내어줄 수 있다고 생각했다.

그 틈으로 바람이 불어왔다.
바람은 아직 낯설고 차가웠다.

하지만 나는
닫힌 창을 열지 않으면
언제까지고 이 방 안에 갇혀 있을 것 같았다.

이제 나는
나를 숨기기 위해 창문을 닫지 않는다.

세상이 보기 싫어 문을 닫았다가
더 깊이 고립되었던 나를
이제는 풀어주어야 하니까.

창문은 여전히 낡았고 금이
간 유리는 아직도 버티고 있었다.

나는 그 균열을 덧대지도
창을 완전히 열지도 않았지만
그저 가끔씩 창문을 열고
바람을 맞으며
창 너머 세상을
내 눈으로 직접 바라보기 시작했다.

완전히 열리지 않았어도,
금이 간 틈 사이로도
세상은 나에게
조금씩 다가오고 있었다.

닫아 걸었다고
숨어 있는 건 아니었다

열리지 않는다고
가만히 있던 것도 아니었다

상처도
고통도
모두 그 안에서
살아 있으려는 몸부림이었다

문은 아직 닫혀 있었지만
마음은
서서히
다시 열릴 준비를 하고 있었다

무너진 곳에
내가 남았다

남은 조각들을 모아
나를 다시 채운다

오늘의 파도를
오늘 견디며
다시 걸어간다

부서져도 괜찮다
파도가 부서진 자리에서
다시 시작하는 법을
배우고 있으니까

남은 것들로 나를 다시 짓는다

식탁 위에 남은 그녀의 잔을 아직 치우지 못했다.

슬픔은 말없이 베개를 적셨고
남겨져 오갈 곳 없는 마음은 밤마다 방 안에 고였다.
모든 것이 지친 숨처럼 무겁게 가라앉았다.

돌이킬 수 없는 장면들이 머릿속을 맴돌았고
잊으려 할수록 기억은 더 깊이 배어들었다.

그녀를 생각하지 않으려는 날이 늘수록
내 안의 흔들림은 더 깊어졌고
방 안에 남겨진 그녀의 흔적들은
떠나간 그녀를 다시 살아나게 했다.

그렇게 하루가 지나고 또 하루가 흘러갔다.
익숙한 거리, 늘 걷던 길
모든 풍경 속에 그녀의 부재가 깊게 남아 있었다.

어느 날
카페 앞 유리창에 비친 내 모습을 보고 멈춰 섰다.
유리창을 보며 아주 작게 내 이름을 불러보았다.
지금까지 잘 버티고 있는 나를 보며
처음으로 마음 하나를 조심스레 건네주고 싶었다.

그리고 한참을 더 멈춰 서 있었다.

이제는 잃은 것을 잊지 않기로 했다.
남은 것들도 지우지 않기로 했다.
그 무게까지 안고도 살아갈 수밖에 없었으니까.

비워진 자리를 남기는 것이 아니라
그녀의 부재를 나의 존재로 다시 바꾸고 싶었다.

사라진 것들의 빈 공간 위에 나를 쌓아 올려야 한다.
흔적과 침묵, 잃어버린 모든 것들이 모아
나를 다시 조각해야 한다.

이제 남은 것들로 나를 다시 짓는다.
상처와 기억, 남겨진 다정함까지 안고
내일을 향해 한 걸음 더 나아가야 한다.

비워진 자리를 지우는 것이 아니라
그 위에 조금씩 나를 새겨 넣는 일.
슬픔을 없애는 것이 아니라
그 안에 나를 머물게 하는 일.

언젠가 이 모든 흔적 위에
더 단단한 나로 그 자리에 서 있을 것이다.

나는 오늘 잃은 것들에 머물지 않고
남겨진 것들로 다시 살아간다.

카페 유리창에 비친 나를 다시 바라보았다.
아주 오래 멈춰 있었던 그 자리에
마침내 스스로를 데려온 나를.

나를 깨운 맛

오랫동안 아므것도 느끼지 못했다.

급격히 줄어드는 체중
이따금씩 불규칙하게 뛰는 심장
밤이면 찾아으는 호흡곤란에
잠조차 제대르 이룰 수 없었다.

한때 입안을 가득 채의주었던 음식 맛도
기억 저편으르 희미하게 사라져 버린 것 같았다.

무너져가는 믐과 마음을 추스르고 싶지도 않았다.
허기가 느껴지면 무엇이든 입에 넣었지만
아무런 맛도 아무런 감각도 남지 않았다.

입속은 텅 빈 방 같았고 음식은 그저
삼켜지는 습관일 뿐 어떤 위로도 되지 못했다.

설날 아침
기름진 음식으로 더부룩해진 속을 달래려
청양고추와 그춧가루를 듬뿍 풀어 국물을 끓였다.

김이 피어오르는 냄비 앞에서
아무 생각 없이 숟가락을 들었다.

뜨겁고 매운 국물 한 입
혀끝에서 퍼진 매운 기운이
잠든 몸을 두드리듯 퍼져나갔다.
얼얼한 통증이 입안 가득 번졌다.

숨이 막힐 듯 뜨겁고
혀끝에서 목구멍까지 타오르는 자극
식은땀이 이마에 맺혔다.
오랜만에 또렷한 통각을 느꼈다.

살아 있었다.
그 감각이 분명히 나에게 말했다.

무뎌졌던 감정이
뜨겁고 매운맛 속에서 깨어났다.
아무것도 닿지 않던 내 안에
맛의 통증이 스며들었다.

깊고 무거운 어둠 속에서 잊고 있던 내가
혀끝의 통증으로 깨어났다.
매운 국물 한 입이 나를 현실로 불러냈다.
입안의 얼얼함, 식은땀으로 젖은 이마
눈가에 맺힌 뜨거운 물기까지.

모두가 내게 속삭였다.

  '넌 살아 있는 거야'

젖은 땀을 수건으로 닦아내자
이번에는 시원함이 밀려왔다.

나는 그제야 느낄 수 있었다.
아직 끝나지 않은 나를
다시 시작할 수 있는 나를

먼저 웃고 늦게 우는 사람

그녀는 내가 웃기도 전에 먼저 웃는 사람이었다.
내 말보다 내 눈빛을 먼저 읽었고
기쁨이 닿기도 전에 웃음으로 다가왔다.

작은 성공쯤은 굳이 말하지 않아도
얼굴에 묻은 기척만 보고도 아는 것 같았다.

"좋은 일 있었지?"
그제야 나는 그 기쁨을 실감한다.

그녀는 내가 슬퍼하기 전에 옆에 앉는다.
묻지 않고, 다그치지 않고
내 감정이 가라앉을 때까지 말없이 곁에 머무른다.

상사와의 갈등으로 회사에서 나오던 날.
말없이 차를 몰고 집안에 있는 나를 불러내
기흥의 어느 호숫가로 데려갔다.

겨울밤 물빛은 어두웠고 바람은 차가웠다.
우리는 그저 걷기만 했다.
말없이 걷는 동안 내 손 위에 살며시 얹힌 그녀의 손.
그것이 내게 도착한 따뜻한 위로였다.

나는 그 순간을 믿었다.
이 사람이 내 감정에 가장 가까이 닿는 사람이라고
이 사람이 내 진짜 인연이라고.
끝까지 함께 걸을 수 있는 거라고.

하지만 그땐 몰랐다.
그 다정함이 그녀의 지친 마음이었다는 것을.

나는 그녀에게 기댔고 그녀는 버텼다.

***

결국
버티던 사람이 먼저 무너졌다.

지금에서야 알았다.
사랑은 한 사람이 인내만으로는
이루어지지 않는다는 것을.

이별 후 마지막으로 받은 문자는 단 한 줄이었다.

'나도 그때 정말 힘들었어.'

그 말은 너무 늦게 도착했다.

그것이 그날의 진심이었고
유예된 고백이었다.

그녀는 사랑이 식어 나를 떠난 것이 아니라
끝까지 견디다 못해
자신을 지키기 위해 나를 내려놓은 사람이었다.

늘 먼저 웃고 먼저 다가오던 사람이었기에
끝까지 곁에 남아줄 거라 믿었었다.
그러나 그건 나만의 믿음이었지
그녀의 다짐은 아니었다.

***

집안의 불을 모두 껐다.
익숙했던 정적이 낯설다.
거울을 마주하고 나에게 말을 건넸다.

'그래, 이젠 정말 괜찮아.'

그녀는 떠났고
나는 그렇게 남겨졌다.

하지만
남았다는 말은 버려졌다는 뜻이 아니다.

그녀의 부재를 통과하는 동안
진정한 사랑이 무엇인지를
그리고 나는 내가 누구였는지를
그 사랑 안에서 어떤 사람이었는지를
다시 생각하게 되었으니까.

그녀가 함께 걸어준 길을
이제는 나 혼자 걸어가야 한다.

그 길은 끝이 아니라
나로 다시 시작하는 자리이기에.

삶이란
소리 없이 스쳐 가는
바람 같은 것일지도 모른다

크게 웃거나
뜨겁게 울지 않아도
매일 작은 것들을 견디며 살아간다

누구에게도 자랑하지 않고
아무에게도 들키지 않게

문득 돌아보면
말없이 통과해 온 시간들이
조금은 나를 단단하게 해 놓았다

지워진 줄 알았던 상처 자국 위에
아무렇지 않은 얼굴로 하루를 얹고
무심한 손길로 미래를 만지는 순간

그것이 어쩌면
내가 이룬 가장 소중한 승리일지도 모른다

흩어진 마음 위에
다시 숨을 얹는다

흔들리는 자리

먼 곳에서 바람이 불어왔다.
창틀이 떨리고 잎사귀들이 흩어진다.
바람은 어느새 내 안까지 파고들어
작아진 몸을 더욱 웅크리게 한다.

불안은 소리 없이 번지고
어둠은 내 안에 천천히 내려앉았다.
나는 그 자리에서
온몸을 짓누르는 무게를 견뎌내야 한다.

시간은 멈췄고
내 이름조차 낯설었다.

붙잡으려 했던 마음은
이미 손끝에서 흩어졌다.
삶의 이유는 길을 잃고
어둠 속을 걸었다.

한 그루 나무가 눈에 들어왔다.
비에 젖고 바람에 깎이면서도
그 자리를 지키고 있었다.

무언가를 지키려는 것도
누구를 기다리는 것도 아니었다.

그저
비바람에 쓰러지지 않으려
팔 벌린 가지로 자신을 안고 있는 듯 보였다.

그 나무를 닮고 싶었다.
흩어진 마음을 포기하지 않고 감싸 안는 일.
다시 부서질지라도 그 자리를 떠나지 않는 일.

***

폭풍이 지나가면
나무는 더 깊이 뿌리를 내린다.
부서진 자리에는
새로운 숨이 자란다.

견딘다는 건
흔들리지 않는 것이 아니라
흔들리는 자신을 껴안으며
그 자리에 존재하는 일임을 깨닫게 된다.

바람이 지나간 자리
가장 낮은 곳에서
아주 작은 새순 하나가
반가운 고개를 들고 있다.

가장 오래 남는 것

사랑은 불꽃처럼 타오른다
그러나 남는 건 불꽃이 아니라
그 자리에 남은 숯의 따스함이다

***

사랑은 두 사람의 시간이 서로를 따라 흐르고
서로를 닮아가며 함께 늙어가는 일이다.

SNS를 보고 있었다.
한 노부부의 사진 앞에서 손가락이 멈췄다.
서로의 손을 감싸주는 주름진 손
얇은 피부 아래로 투명하게 드러난 혈관.

그들의 포개어진 손 사이로 느껴지는 건
지나온 세월의 무게였다.

그들은 아무 말없이
눈빛을 맞추고 서로의 손을 잡아주고 있었다.
긴 시간을 지나온 이들만이 나눌 수 있는 사랑의 깊이를
그 사진을 보며 어렴풋이 알 것 같았다.

SNS는 또 다른 노부부들의 사진을 연달아 보여주었다.
공원 벤치에 나란히 앉아 바라보는 시선
햇살이 드는 창가에서 서로를 감싸 안은 어깨
오래된 찻잔을 사이에 두고 나누는 웃음.

사진 속 그들도 온화하게 웃고 있었다.
그 웃음은 처음 사랑할 때의 설렘도
활활 타오르는 열정도 아니었다.

그것은
세월을 건너 신뢰 끝에 피어난 연민과 다정함이었다.

그 미소에는
오랜 시간을 함께한 사람들만이 가질 수 있는
다정함이 배어 있었다.

말로는 설명할 수 없는 세월을 통과한 마음
오래도록 따스함을 품고 있는 숯과 같았다.

***

사랑이라 믿었던 감정
불꽃처럼 타오르던 눈동자, 눈부신 순간.

그러나 그런 감정은 바람처럼 스쳐 지나간다
쉽게 타오른 것은 쉽게 식고, 쉽게 사그라든다.

사랑은
스쳐 간 계절에도 흐려지지 않는 마음
흔들리는 삶 속에서도 끝내 꺼지지 않는
온기를 지켜내는 일이다.

불꽃은 멀리서도 누구나 볼 수 있지만
숯은 가까이 있어야만 느낄 수 있다.

사람들은 찬란한 불꽃을 원한다.
한순간을 불태우고 세상을 밝히는
찬란한 빛을 갈망한다.

그러나 사진 속 그들의 삶이 가르쳐주는 것:

사랑은
타오른 불꽃이 아니라
불꽃이 사라진 뒤에도 꺼지지 않는
숯과 같은 것이었다.

사랑은 그렇게
천천히 그러나 깊게 타오른다.
쉽게 식지도, 쉽게 꺼지지 않고…

변산 바람꽃

변산의 숲
해빙의 시간

누구의 시선도 머물지 않는
차가운 정적의 틈에서
희고 투명한 한 송이 꽃이 솟는다.

햇살이 닿기 전
바람이 먼저 스쳐가는 자리
이름조차 낯은 그 꽃은
얼어붙은 대지의 침묵을 깨고
기다림조차 없던 계절 속에서
스스로를 틔운다.

꽃잎처럼 보이는 여섯 장의 꽃받침 안
노란 꽃술이 조심스럽게 중앙으로 모여 있다.

변산 바람꽃
그 생은 열흘 남짓 머물다
아무 일도 없었다는 듯 스러진다.
그리고 매년 똑같은 자리에서
가장 먼저 다시 피어난다.

사랑도 그 꽃을 닮았다.
붙잡으면 흩어지고
부르면 멀어지는 감정
가까이 다가가려 할수록

손끝에 닿지 않는 빛처럼
그리다 지워지면
다시 피어오르는 그리움처럼.

***

하지만
머물지 못한 마음일수록
계절을 더 깊이 흔들고 간다.

한 사람을 떠나보내던 날
내 마음에는 변산 바람꽃이 피었다.

오래도록 머물 것처럼 다가온 사람은
끝내 아무 말도 남기지 않고 사라졌다.

해빙의 시간
잠시 피어난 변산 바람꽃처럼
모든 흔적들은 지나갔지만
그 덧없음은
내 안 어딘가에 뿌리를 내렸다.

***

이별은 끝이 아니었다.
그것은 다시 피어나기 위한
차갑고 가장 긴 숨이었다.

기억은 계절을 다시 틔우고
아무도 머물지 않았던 그 자리는

빛이 움트기 위한
가장 정직한 여백이었다.

사랑은
변산 바람꽃처럼
사라지는 순간 안에서
영원을 피워낸다.

덧없는 이별도
사라지는 것은 아니었다.

사랑은
스스로를 되찾기 전
잠시 머물러 숨 고르던 자리였다.

봄은 그냥 오지 않는다.

사랑이 끝난 자리에서 비로소 삶은 묻는다
"너는 너에게로 향할 준비가 되었느냐고"

***

입춘의 문턱
계절은 여전히 겨울의 결 속에 웅크려 있다.
흙 위엔 엷은 잔설이 남아 있고
바람은 아직도 차가운 냉기를 품고 있다.

아침 거울 앞
부은 눈을 손바닥으로 가리며
아무렇지 않은 척 하루를 시작했다.

한때 사랑이 머물던 자리
텅 빈 식탁 너머에
그 사람이 쓰던 찻잔 하나를 바라본다.
그 상실의 그림자 속에
더는 머물 수 없다는 생각이 들었다.

남들 앞에서는 멀쩡한 척 웃었지만
밤이 되면 안쪽에서 균열이 번지는 나를
차마 다잡지 못하고 바라볼 때가 있었다.

밤이면 이불을 끌어안고 숨을 내쉰다.
그것은 울음을 참는 일이 아니라
내 안에 눌린 감정의 무게를 견디는 일이었다.

***

봄의 태동은
빛이 닿지 않는 차갑고 축축한
땅 속에서 먼저 깨어난다.

나의 봄도 그냥 오는 것이 아니다.
마음의 가장 안쪽에서 누구의 부름도 없이
스스로 틈을 열고 깨어나야 한다.

봄은 아직 멀었지만
흙 아래로 뿌리를 내리기 시작한 씨앗처럼
내 안 어딘가 가장 깊은 곳에서
빛을 향한 작은 움직임이 일고 있었다.

뿌리 하나 없던 씨앗이
먼저 봄의 기운을 감각하듯
조금씩 다가오는 빛의 전령 속에서
그 작은 징후를 조심스레 느끼고 있었다.

창밖에서 들려온 낮게 깃든 봄바람의 첫 숨
해빙된 흙냄새가 공기 속에 스미고
이른 아침 참새 울음 하나가
조금은 가빠진 내 심장 박동과 겹쳐졌다.

모든 변화는 그렇게 작은 틈에서 스며들었다.
봄이라 부르기엔 이른 계절의 여백
햇살보다 먼저 도착한 것은
껍질을 깨고 깨어나려는 내 삶의 의지였다.

변화는 다정하지 않았다.
그것은 아무런 예고도 없이
익숙했던 하루의 틈을 찢고 들어온다.

변화는 늘 낯설고 두렵지만
그 앞에서 눈을 감는 순간
나는 더 이상 내가 될 수 없다.

나의 삶은 오직 내가 선택할 때에만
나만의 의미로 채워지니까.

***

몸은 아직 이불속을 맴돌지만
창 너머 빛은 말없이 속삭인다.

"지금 바꿔야 한다고."
"이제 일어서도 괜찮다고."

사랑이 끝나고서야
나는 나에게로 향할 수 있었다.

그 서러워 눈물 흘렸던 이별이
나를 다시 피워냈다는 걸 그제야 알았다.

겨울은 끝이 아니었다.
모든 것이 멈춘 듯 보이던 그 아래
가장 오래된 가능성이 숨 쉬고 있었다.

빛을 기다리는 동안
나는 조금씩 뿌리를 내리고 있었다.

그리고 언젠가
다시 피어나 누군가의 향기가 될 것이다.

스스로를 피워낸 사람만이
다른 이의 마음을 부드럽게 감쌀 수 있다는 걸
알게 되었기에…

***

봄은 오지 않는다.
우리가 봄이 되어
스스로를 깨우는 것이다.

그 계절의 틈에서
나는 나에게 묻는다.

당신은
어떤 봄을 기다리고 있나요

지금 당신 안의 봄은
어디쯤 와 있나요

봄은
기다리지 않는다

우리가 봄이 되어
깨어나야 한다

흐린 하늘 아래에서도
차가운 바람 속에서도
먼저 눈을 뜨고
뿌리를 내리는 것이다

그렇게
우리는
겨울을 지나
다시 깨어난다

혼자만의 사랑

이제
그 사람을 기다리지 않는 나를 바라본다.

한때는 그 사람이 없으면
내 삶의 의미마저 사라질 줄 알았는데
숨을 쉬고, 아침을 맞이하고, 가끔은 웃기도 하고.

그 누구도
그 사람의 자리를 대신할 수 없다고 믿었다.
왜 떠난 것인지, 왜 끝까지 곁에 있을 것처럼
나를 안심시켰는지 수없이 궁금했던 시간들.

그 사람은 정말 나를 사랑했던 걸까
아니면 자신의 외로움을 내게 기대고 싶었던 것뿐일까.

내 모든 것을 걸고 너를 지키고 싶었고
그런 나를 사랑해 줄 거라 믿었는데…

이제 그만
나는 네가 아닌 나를 사랑할래.

돌아오지 않을 너를 기다리는 것은
이제 너무 지쳐버렸어.
그 끝에는 너도, 그리고 나도 없을 테니까.

나 혼자만의 사랑은
이제 여기서 놓아줄래.

손에 쥐지 않아야 남는다

손안에 모래를 쥐고 있었다
햇살 아래 금빛으로 반짝이던 그 모래는
손을 조일수록 빠르게 흘러내렸다

단단히 움켜쥘수록 손가락 틈새로
모래는 미끄러지듯 빠져나갔다

***

나를 사랑한다는 그 말 한마디
카페 창가에 마주 앉아 나를 바라보던 그 눈빛
그것들은 내가 붙잡으려 할수록 점점 더 멀어져 갔다.

나는 오랫동안 착각했다.
붙잡는 것이 곁에 두는 일인 사랑인 줄 알았으니까.
놓지 못하는 것이 책임이라고 믿었으니까.
그러나 그것은 사랑도 책임도 아니었다.
그것은 혼자될지 모른다는 두려움이었다.

두려움은 형태를 바꾼다.
조심스러웠던 기대는 어느새 부담스러운 집착이 되었고
집착하는 마음은 스스로를 조여오기 시작했다.
손에 쥐지 못한 마음의 무게는 불안처럼 번져갔다.

밤이면
휴대폰을 쥐고 도착하지 않은 메시지만 바라본다.

창밖을 스치는 싸늘한 바람 소리만이
보내지 못한 마음처럼 곁에 머물렀다.

'아무것도 남지 않으면 나는 사라지는 걸까.'

그 질문은 밤보다 짙은 어둠이 되어
내 안의 가장 깊은 곳을 잠식했다.

***

힘이 빠진 손가락이 펼쳐지자
그 안엔 조금의 모래만이 남아 있었다.
가볍고 낯설었다.
마치 내 것이었던 듯, 아니었던 듯

바람이 손바닥 위의 모래를 흩어놓는다.
잡으려 했던 마음도 그 바람 속으로 스며들어 흩어진다.

비어 가는 손, 가벼워지는 마음
햇살에 스며든 유리잔 위로
모래알처럼 흩어지는 기억들을 바라본다.

붙잡지 않아도 존재할 수 있다는 사실이
불현듯 내 안으로 자리 잡는다.

사랑도, 기억도, 삶도
모두 흘려보낸 자리.

비로소
숨이 쉬어지기 시작한다.

당신은 지금
무엇을 손에 쥐고 있나요

혹시 두려움에
더 꼭 움켜쥐고 있진 않나요

놓아보면
그 빈자리로 바람이 불어옵니다

비워낸 손 위로
새로운 삶이 더 가볍게
내려앉을지도 모릅니다

머물지 않는 것들을 사랑하는 법
그건 결국
흘려보내는 마음에서 시작됩니다

흔들리는 기억이
다시 마음을 울려도
우리는 멈추지 않고
숨을 고르며 살아간다

가끔은
가장 지독한 상처 위에
다시 피어나는
작은 꽃망울도 있으니까

당신이어서 다행이었어요

아직도 선명하게 기억나는 장면이 있다.
영상 속의 한 남자는 낡은 소파 앞에 앉아
힘없이 누운 아내의 손을 두 손으로 감싸 쥐고 있었다.

그녀는 마지막 힘을 모아 천천히 말했다.

"병원에는 가지 않겠어요.
 당신이… 내 마지막을 지켜줘요."

사랑이 숨을 멈추기 전, 모든 말이 사라지려던 그 순간
말로 다 담을 수 없는 마음이 그 자리에 머물렀다.

숨이 희미해지던 그녀가 그를 바라보며 말했다.

"고마웠어요. 그 시간들이 전부였어요.
 당신이어서 다행이었어요."

남자는 울지 않았다.
그저 그녀의 손을 감싼 채 미세하게 떨리는 감정을
스러져 가는 그녀의 손으로 흘려보냈다.

숨결이 꺼지기 직전
그녀는 마지막으로 그의 손을 자신의 손으로 감쌌다.
그것이 그녀의 마지막이었다.
그녀는 사랑하는 사람의 손길 안에서 자신을 건너갔다.

삶은 그 손을 끝까지 놓지 않은 사람들의 이야기일지도 모른다.
그 영상은 아직도 사랑의 진정한 마지막 장면으로 기억된다.

눈을 감은 채 흘렸던 눈물
사랑한다는 말을 하기 위해 마지막 숨결을 붙잡던 순간
서로의 체온을 마지막으로 기억하기 위한 손끝의 떨림

삶은 언젠가 마침표를 찍지만
사랑은 그 유한한 시간 아래 영원의 여백으로 남는다.

사랑이 삶의 끝에서 더 깊어지는 이유는
진심으로 사랑했던 마음만이
시간을 넘어 존재를 남길 수 있기 때문이다.

사랑만을 품고 태어나
사랑 하나만 남기고 떠난 사람
그가 누군가의 전부였다는 사실은
그 마지막 장면 속에서 가장 적막하게
가장 크게 울렸다.

사랑하는 인연과의 영원한 작별은
남겨진 이의 마음을 울리지만
그 울음 끝에 남는 것은
상실이 아니라 끝까지 지켜낸 마음이었다.

사랑이 마지막까지 진심이었다면
그 생은 끝이 아니라
사랑으로 완성된 불멸의 문장이다.

삶은 아직 실행 중입니다

내 삶은
이해될 수 있으리라 믿었다.

진심은 닿을 것 같았다.
정직한 마음에는 정직한 결과가 따를 거라 생각했다.

입력과 출력이 일치하는 세계
이유가 있는 고통은 반드시 납득될 거라고 믿었다.

하지만 삶은 코드처럼 작동하지 않았다.
같은 실수를 반복했고
이유 없는 상실마저 반복되었다.
논리는 외면당했고
애씀은 보상받지 못했다.

처음엔 모든 것을 '에러'라 여겼다.
어딘가 잘못됐을 거라 생각했다.
다시 설계하고 다시 짜면
괜찮아질 줄 알았다.

하지만
그건 고장이 아니라
애초부터 그렇게 설계된 구조였다.

삶은 예외로 가득한 시스템이었다.
누락된 감정, 끊긴 대화

예고 없이 출현하는 변수들이
내 안의 프로그램을 자꾸 멈춰 세웠다.

그럼에도 삶은 멈추지 않았다.
우리는 디버깅되지 않은 감정으로 하루를 견디고
해석되지 않는 상처를 안은 채 다시 깨어난다.

삶은 완전하지 않다.
그러나 아직도 실행 중이라는 점에서
삶은 여전히 유효하다.

어떤 설명 없이도
어떤 해답 없이도
삶은 이해의 논리가 아니라
감당의 균형으로 작동하는 실행형 존재다.

고장 났더라도 괜찮다.
불완전한 그대로
오늘을 통과하고 있다면
당신은 이미
충분하다.

삶은 아직 끝나지 않았다.
아직 실행 중인 당신이
그 증거니까.

흔들릴 수 있어

어릴 적
아버지 손을 잡고 출렁다리를 건넜다.

발 밑이 흔들릴 때마다
나는 걸음을 멈추고 울먹였다.

아버지는 내 손을 꼭 잡으며 말했다.
"괜찮아.
흔들면서 건너는 다리야."

그 말은
겁에 질린 나를 달래기 위한 위로라기보다
두려움도 즐겁게 흔들리며 건너야 한다는
묵직한 가르침으로 남았다.

삶이 흔들릴 때면
나는 그날의 출렁다리 위에 선다.
아버지의 다정한 손에 이끌려
두려움 앞에 중심을 찾던
어린 날의 떨림을 기억하기 위해.

사람들은 흔들리는 삶이 불행하다고 생각하지만
삶이란 흔들림을 피하는 것이 아니라
그 속에서 균형을 다시 찾는 일이다.

두려움에 멈추지 않고
흔들려도 그것을 가로질러 앞으로 나아가는 것
그것이 곧 살아가는 일이다.

지금도 나는 흔들린다.
하지만 어릴 때처럼 울먹이지 않는다.

이제 흔들림은
아직 균형을 갖출 것이 남아 있음을 알려주는
신호로 받아들이는 중이니까.

삶이란
흔들리는 다리 위에서도
자신만의 중심을 찾아가는 일이다.

그리고 언젠가
누군가의 흔들림 앞에 서서
내가 그 손을 꼭 잡아줄 수 있기를

이팝나무에 꽃이 피면

사랑은 내게 두 번의 이별로 남았다
하나는 아직 끝내지 못한 이별
다른 하나는
이 세상의 시간이 더 이상 닿지 않는 완전한 상실

***

십여 년 전
봄바람처럼 왔다가 가을의 뒷모습처럼 떠나간 사람.
이름은 민주, 김민주.
그녀는 소식조차 닿지 않는 곳에
기다림으로도 되돌릴 수 없는 사람이 되었다.

민주는 말했다.
어부의 아내가 되고 싶다고.
고요한 파도를 기원하며
사랑하는 사람의 무사한 귀환을 기다리는 삶.

그녀의 바람은 단순했고 단단했다.
그러나 민주는 끝내 어부의 아내가 되지 못했다.

***

단 한 번의 다툼으로 우리는 서로 등을 돌렸다.
오랜 시간동안 서로의 그림자에도 닿지 않았다.
그렇게 끝난 줄 알았다.

몇 번의 계절이 흘러갔다.
그러다 문득 믿기 어려운 소식을 들었다.
민주가 내가 사는 남양주 시골 마을로 이사를 왔다.

오래된 세월을 지나 다시 마주한 우리는
낯설면서도 익숙했고 어긋나면서도 닿아 있었다.
다시 만난 우리는 다시 이어졌고
그리고 언제나 함께였다.

그러나
그녀는 너무 연약해져 있었다.
민주는 다시 내 곁을 떠났다.

이번에는 정말로 돌아올 수 없는 먼 곳으로…

차갑게 식은 그녀의 창백한 얼굴.
나는 삼베 천으로 덮어주는 일밖에 해줄 수 없었다.

***

경기도 시안.
이팝나무 아래에서 그녀의 유골함을 안고 서 있었다.
흩날리는 이팝꽃잎들이 내 눈물처럼 흘러내렸다.

한동안 그 자리에 계속 서 있었다.
그 누구도…
그녀의 가족들조차
그렇게 서 있는 나를 재촉하지 않았다.
이별이 아닌 또 다른 만남을 기다리는 나를.

***

오늘도 나는
그녀가 살던 집 앞을 지나며 소리내어 인사한다.

"민주야. 잘 다녀올게."

대답은 없지만 창틈 사이로 스치는 바람이 가끔
그녀의 목소리를 흉내 낼 때가 있다.

"그래, 잘 다녀와."

명절이 되면
그녀를 위해 준비한 밥 한 그릇을 책상 위에 올려두고
마음속에서 그녀를 위한 제를 지낸다.

그 밥상 앞에서 나는 바란다.
그녀가 외롭지 않기를
누군가의 기억 속에 여전히 살아 있는 이름이기를

***

사랑은 곁에 있을 때는 그 무게를 모른다.
등을 돌리고 나서야 그 무게가 얼마나 컸는지 뒤늦게 안다.

그 후
나는 또 다른 사랑을 했고 또 다른 이별을 겪었다.

살아 있는 이별은 여전히 흔들리고
세상을 떠난 이름은 지금도 나를 놓아주지 않는다.

저녁 어스름이면 그녀의 뒷모습이 골목 끝
어딘가에 남아 있는 것 같다.

민주는 떠났지만 나는 여전히
그녀와 함께 살아가고 있다.

아무도 들어오지 못하는 내 안의 방.
그곳에서 그녀는 내 하루를 시작하게 하고
하루의 끝에는 그녀의 희미한 숨결을 떠올리며 앉아 있다.

***

이팝나무에 꽃이 피는 봄이면
나는 다시 그 나무 아래 설 것이다.
하얀 꽃잎이 흩날리는 그 자리에서
나는 그녀의 이름을 부를 것이다.

"민주야, 보고 싶었어"

사랑은
끝난 뒤에도 끝나지 않는 방식으로 남는다.

사랑은
끝내 말해지지 못한 문장처럼
가슴에 남아 오래 살아 있는 것이다.

그리고 언젠가
이팝꽃이 흐드러지게 핀
그 나무 아래 다시 서는 날

그때 나는
그녀의 이름을 다시 불러줄 것이다.

07.
빛

빛이 보이지 않을 땐
잠시 눈을 감고
기다리면 돼

빛은
언제나 멀리서 오는 줄 알았다

누군가의 손길로
어떤 구원의 말로
어디선가
밝게 비추는 것으로 믿었다

그러나 긴 어둠을 지나
내가 배운 것은

빛은
나를 비추는 것이 아니라
내 안에서
피워 올리는 것이었다

지나간 마음에도
남는 건 나였다

사라진 신뢰 위에
흔들리며 서 있었고

사랑받지 않아도
나는 나를 기억했다

아직 다가오지 않은 존재에게
그리움을 건네며
나는 끝내
나를 믿기로 했다

빛은 어둠을 통과한다

언제부턴가 세상은
내 인간관계에 제 맘대로 만기일을 붙이기 시작했다.
작은 틈, 사소한 어긋남, 약간의 불편함.
세상은 그럴듯한 이유들을 내세워 관계의 손절을 권한다.
합리와 논리라는 그럴듯한 이름으로 포장해서.

모든 것이 빠르게 만들어지고 쉽게 소비되는 시대.
다정함은 사치가 되고 적당한 거리는 지켜야 할 예의가 된다.

그러나 그 안에 숨겨진 진실이 있다.
상처받지 않으려는 마음이 결국은 나를 외롭게 만든다는 것이다.

빠른 손절은 빠른 갈망으로 이어지고
숙성되지 못한 관계는 다시 빠른 이별로 이어진다.
'금사빠' '금사식'이 유행어처럼 번진다.

갈등을 피하면 평온이 남을 것 같지만,
남는 건 또다시 찾아오는 깊고 텅 빈 공허와 침묵뿐이다.
그렇게 관계마저 소비와 공급의 논리로 유지된다.
모든 이가 고독해지길 바라는 세상의 그 질서 위에서.

상처도, 다정함도 허락하지 않는 완벽히 고독한 그런 세상.
그것이 정말 내가 바라던 곳이었을까?

상처받지 않으려 서로를 피하고
먼저 등 돌리다가 거세된 기억만 남은 그런 세상.
그곳이 내가 존재해야 할 세상일까?

물론 상처를 무조건 안고 가는 것이 정답은 아니다.
때로는 사랑이라는 이름으로 서로의 삶을 갉아먹는 관계도 있다.

관계를 지속할수록 자신을 잃게 하는 관계
나는 존재하는데 내가 지워지는 관계
스스로를 해치면서까지 관계를 붙드는 것은
결국 나를 없애는 일이다.

서로의 다름을 인정하고 불완전함도 감수하며 관계를 지키는
것과, 자기 자신까지 소모하며 관계를 이어가는 일은 분명히
다르다. 모든 관계에는 지켜야 할 선이 있다. 그 선을 지키기
위해 때로는 건강한 거리도 필요하다.

상처를 견디는 용기, 스스로를 지키는 단호함.
그 사이 어딘가에서 나의 경계를 배운다.
그렇게 자신을 지키는 법을 익힐 때 비로소 관계도 깊어진다.

빛은 광활한 어둠을 통과해야 모습을 드러낸다.
상처와 오해, 침묵과 공허, 그 어둠을 견딘 끝에야 진정한
인연이 될 수 있다.

완전한 세상이나 완벽한 관계는 없다.
불완전한 세상에서 관계는 늘 흔들린다. 상처를 주고 때론
상처받는 것. 그 또한 삶의 일부다.

사람을 완벽하게 끊어내는 일, 모든 흔적을 지우는 일은 인간이
감히 닿을 수 없는 영역이다.

인간은 끊어내는 존재가 아니라, 서로의 불완전함을 인정하고
흔들리면서도 다시 손을 내밀어야 하는 존재다.

누구나 삶은 흔들리고 마음은 쉽게 부서진다.
그럼에도 다시 손 내밀 때, 비로소 서툶과 상처들을 감싸 안으며
고독한 세상을 함께 살아갈 수 있게 된다.

상처 위에 피어난 관계는 단단하다.
상처를 두려워 않고 손을 내밀어야 하는 이유는, 외로움을
견디기 위해서가 아니라 서로의 마음을 통해 내 존재의 의미를
발견하고 싶기 때문이다.

모든 관계의 끝에 남는 것은 결국 '나'다.
지금의 나를 만든 건 타인과의 부딪힘 속에 남은 흔적들이다.

누군가 나를 외면하지 않고, 손 내밀어 주었기에 나는 여전히
여기에 서 있는 것이다.

존재한다는 것은, 부서질 줄 알면서도 끝내 살아내는 일이다.
절망의 끝에서도 포기하지 않고 나에게 손을 내미는 일이다.

자신의 마음을 끝내 알 수 없어도
자신의 기대에 완전히 닿을 수 없어도
그 불완전함을 인정하면서도
다시 한번 손을 맞잡아야 하는 존재가 바로 나인 것이다.

다시, 나로부터

그녀가 말했다.

"나도 사귀는 동안 힘들었어."

쓰다 말고 구겨버린 메모지처럼
아무렇지도 않게 내뱉은 그녀의 말에
내 안에는 서늘함이 번졌고
가슴 한가운데 무언가가 소리 없이 빠져나갔다.

오랜 시간 쌓아온 신뢰를 붙들고 있던
내 안의 확신이 사라지고 있었다.

예상치 못한 그 한마디 뒤에 남은 건
무게 없는 정적과 부서진 감정의 잔해뿐이었다.

그날 이후
나는 누구에게도 쉽게 말을 걸지 못했다.
내 감정이 나조차 감당할 수 없을 만큼 요동칠 때면
나는 사람들을 피했다.

괜찮지 않은 날에도
괜찮다고 말해야 하는 내 존재가 불편해지니까.

사람들이 나를 좋아했던 건
내가 다정해서가 아니라
내가 나를 드러내지 않았기 때문이었다.

말수가 적고 눈치를 잘 보는 사람은
항상 '배려가 깊다'는 말을 듣는다.

하지만 나는 배려한 것이 아니라 그냥 불편한 것이었다.
내 감정이 번역되지 않을까 불편했고
내 감정이 그들에게 부담이 될까 불편했다.

그 후로
나는 아주 오랫동안 사람들을 피해 다니고 있었다.

***

요즘의 나는
나를 정면으로 바라보는 것을 연습하고 있다.

눈을 마주치듯 마음을 마주치고
숨 고르듯 감정을 고르며
조금씩 내 안의 낯선 나에게 다가서려 한다.
그건 화해라기보다 인사에 가까웠다.

괜찮지 않은 날에도
괜찮지 않다고 말할 수 있는 사이.
침묵을 견디며 함께 앉아 있을 수 있는 사이.

나는 그런 나와 다시 가까워지고 있다.

"괜찮아"

그 말이 이제 덜 낯설었다.

살아 있다는 건 끝내 견딘다는 뜻

살아 있다는 건 결국 끝까지 견딘다는 뜻이었다.

앞으로 나아가지 못해도 나는 움직이고 있었다.
삶의 의미가 사라졌어도 분명히 존재하고 있었다.

안개 자욱한 새벽 차가운 방 안에서
숨은 가늘고 느리게 이어졌고
어제와 다르지 않은 오늘이 아무 일도 없다는 듯 흘러갔다.
오늘도 아무것도 이루지 못했고 어디에도 닿지 못했다.

그래도 숨은 멈추지 않았다.
그래서 그 숨을 놓지 못했다.
그저 멍하니 내 안에서 간신히 살아 숨쉬는
작은 움직임을 간간히 느낄 뿐이었다.

삶은 앞으로 나아가는 것 의미 있는 것은 아니다.
멈춰 서 있는 일, 쓰러지지 않기 위해 버티는 일
그게 전부인 날이 더 많으니까.

사람들은 삶은 무언가를 이루는 일이라고 말하지만
나는 그저 하루를 버티는 사람일 뿐이다.
휘청이는 걸음으로 쓰러지지 않으려
애쓴 하나의 존재에 불과한 사람일 뿐이다.

그래도 그 하루는 분명 살아 있는 하루였다.
빛을 보지 못했다고 해서 그 하루의 사라지진 않는다.

움직이지 않았다고 해서 숨이 꺼진 건 아니었다.
살아 있다는 건 흔들리면서도 끝내 버텨냈다는 뜻이었다.

세상이 "괜찮아질 거야."라고 위로하지만
나는 안다. 괜찮지 않아도 살아야 했던 날들도 있다는 걸

시간은 해결사가 아니라
무심히 흘러가는 방관자에 가깝다.
내 고통의 강 위에 놓인 다리는
시간도 그 누구도 대신 건널 수 없다.

상처의 치유는 기적이나 위로가 아니라
내가 나를 포기하지 않고 견뎌내는 시간이 만든다.
그러니 오늘 쓰러지지 않는다면
그 하루는 나를 붙들어주는 시간이 된다.

주어지는 하루가 특별하지 않아도
살아 있는 내 하루는 언제나 존엄하다.

삶은 앞으로 나아가는 것이거나
의미 있는 것이어야만 하는 게 아니다.
삶은 끝내 나를 포기하지 않는 것이다.

살아낸다는 건
무언가를 이겨냈다는 증거가 아니라
무너지지 않으려 버텨낸 마음의 흔적이다.

나는 지금 멈춰 선 채 겨우 하루를 견디고 있다.
이 하루를 견딘 나에게 조심스럽게 말해본다.
"괜찮아. 오늘도 그 정도면 잘 살았어."

내일도 여전히 불확실하겠지만
지금을 견뎌낸 나에게 빛 하나 정도는 깃들기를
살아 있다는 건, 끝내 견딘다는 것이다.

사랑받지 못해도 괜찮아

사랑받지 못해도 괜찮다.
누군가에게 사랑받지 못해도
내가 나를 사랑하면 되니까.

누군가의 기억에서 사라져도
내 존재까지 지워지는 건 아니니까.
누군가 나를 잊는 순간에도
나는 나를 기억해야 하니까.

불리지 않는 이름이어도 괜찮다.
나는 여전히 내 이름을 부를 수 있으니까.

내 안 가장 깊은 곳에서 넘어져도
끝내 손을 놓지 않는 나를
나는 잊지 않아야 하니까.

고통도 외로움도
내가 나를 잊지 않는 한
나를 사라지게 할 순 없다.

삶의 의미가 흐려질 때에도
나는 나를 품고 다시 일어설 수 있다.

살아 있다는 건
아무에게도 불리지 않아도
여전히 나를 부르는
나의 목소리가 남아 있다는 뜻이다.

만나진 않았지만 이미 그리운 사람

사랑은 아직 오지 않은 시간의 저편에서 온다.
다가오는 계절의 바람처럼
이름조차 모르는 숨결이 내 마음을 건드린다.

콘크리트로 올려진 회색빛 도시가
어둡게 숨을 죽이는 밤이 되면
아직 누구에게도 닿지 않은 밝은 빛 하나가
내 안에 살며시 내려앉는다.

손끝에 닿지도 않았는데
마음이 먼저 두근거리는 설렘을 남기는 사람.
누구라도 괜찮을 것 같다가도
누구도 대신할 수 없는 단 한 사람.

말을 하지 않아도 곁이 될 수 있는 사람.
기억이 없어도 인연임을 알아볼 수 있는 사람.

***

그리움은 때때로 시간을 거슬러 온다.
아직 한 번도 마주친 적 없는 누군가가
어느새 마음 한구석에 자리를 잡는다.

처음인데 오래된 사람처럼.
낯설지만 어딘가 익숙한 사람처럼.

서점에서 책장을 넘기다

내 옆에 앉아 있을지도 모를 그녀를 상상한다.

그녀는 이미 내 주변 어딘가에서 머물고 있을 것만 같다.

이미 어디선가 스쳐간 우연이었을까.

아니면 아직 도착하지 않은 내 운명일까.

그녀도 나처럼

이 도시의 낯선 계절을 말없이 지나고 있을까.

아직 닿지 않았어도

어디선가 함께 숨 쉬고 있을 것 같은 사람.

말하지 않아도 내 안의 빈 곳을

채워줄 수 있는 사람이면 좋겠다.

언젠가 기억이 흐릿해져

내가 누구인지조차 불분명할 때

그 눈빛 하나로

나를 다시 붙잡아줄 수 있는 사람이면 좋겠다.

기다림이 아니라

이미 마음 안에서 자라고 있는 감정.

아직 만나지 않았지만

어디선가 조금씩 가까워지고 있는 사람.

기억이 없어도 마음이 먼저 알아보는 사람.

내 이름을 몰라도 나를 알아볼 사람.

아직 도착하지 않은 인연이

이 거리 낯선 공기 속에

희미하게 섞여 있는 것 같다.

그녀는 아직 도착하지 않았지만
어쩌면 이미
어딘가에서 나를 부르고 있을지도 모른다.

나는 오늘도
문득 스쳐가는 바람에서
낯선 거리의 풍경에서
이름 모를 노래의 한 소절에서

아직 나에게 도착하지 않은
내일의 그 사람을 떠올려본다.

거센 바람이 몰아쳐도
나는 흩어지지 않았다

누군가의 시선안에 존재하지 않아도
나는 사라지지 않았다

꺼지지 않은 불빛 하나로
나를 위해 쓰는 이야기

오늘도 나는
내 이름을 써내려 간다

나를 붙잡아준 건 결국 나

집으로 향하는 길가에 멈춰 섰다.
가로등 불빛은 멀고 작았다. 바람 한 점 없었지만
그 불빛은 오래된 기억처럼 가늘게 흔들렸다.

손을 주머니 깊숙이 넣었다.
주머니 속 꼭 움켜쥔 손바닥에는
미약한 온기가 돌기가 돌며 땀이 맺히기 시작한다.

한참 동안 그 자리에 서 있었다.
거리의 소음은 점점 멀어져 갔고
정감 없어 보이는 차가운 회색빛 도시도 숨을 죽였다.

멈춰 선 그곳에서 어느 겨울밤을 떠올렸다.
아파트 단지 놀이터 벤치에 앉아 있던 어린 나.
손에 쥔 눈뭉치가 녹아 손바닥을 차갑게 적셨고
나는 허공에 내 숨이 만들어낸
하얀 김이 터지는 걸 신기한 듯 지켜봤다.

그때도 누군가를 기다리고 있었던 걸까.
언젠가는 나를 알아봐 줄 사람을…
그 기다림이 지금까지도 끝나지 않을 거라고 몰랐던 나.

도로 위로 택시가 빠른 속도로 지나가며 흙먼지가 일었다.
그 쾌쾌한 바람이 코 끝을 스치며 나를 깨웠다.
가로등 아래 적막한 거리가 다시 꿈틀거리고 있었다.

깊은 어둠을 가로질러
내 안에서 부서질 듯 부서질 듯 이어지는 숨.
꺼질 듯 꺼질 듯 버티고 있는 존재의 기척.

그 기척은 누구의 말도 누구의 눈빛도 아니었다.
그 어둠 속에서 나를 부른 것은 오직 하나.
내가 나를 부르는 목소리였다.

나는 천천히 발끝을 앞으로 밀었다.
차가운 아스팔트 위에 신발 밑창이 끌리는 소리가 났다.
모든 것이 얼어붙은 밤.
그 발끝에서 들리는 미약한 소리는
아직 내가 걷고 있다는 증거였다.

······

사람들은 그동안 내게 이렇게 말했다.

"그렇게 살면 안 돼."
"그 길은 틀렸어."
"너만 이상해질 거야."

나는 대답하지 않았다.
그들의 시선을 피하지도 반박하지도 않았다.
그러면 그들은 더 멋대로 나를 다시 썼다.
그들은 내가 하지 않은 말을 퍼트렸고
내가 걷지 않았던 길 위에 나를 세워두었다.

돌이켜 생각해 보면
어쩌면 그들의 그런 행동과 말이 옳았는지도 모른다.
이 길이 외롭고 쓸쓸하고 때로는 무의미하니까.

그래도 나는 나를 믿었다.
타인의 정의 없이도 내 존재는 사라지지 않는다는 것을.
피치 못할 침묵도 결국 때가 되면 증명된다는 것을.
그것은 망가진 내 삶을 지켜줄 수 있는 마지막 희망과도 같았다.

고개를 들어 하늘을 올려다봤다.
별 하나 없는 검은 하늘
그 아래 내 거칠어진 호흡만이 하얀 김이 되어 퍼져 나갔다.

***

이 도시에선 별을 보기가 쉽지 않다.
사람들이 만들어낸 조경으로 가득한 도심의 불빛이
먼 곳의 별빛을 밀어내고 있었다.

그러나 나는 믿고 있다.
보이지 않아도 그 빛은 거기에 있다는 것을…

아주 조용한 목소리로 내 이름을 불렀다.
누구에게도 들리지 않았지만
꺼져가는 숨결 같은 이름이 내 안에서 메아리처럼 울렸다.

넘어질 힘조차 없던 그 밤
무릎을 꿇고 손바닥으로 길을 짚었다.
손끝에서 느껴지는 아스팔트의 차갑고 거친 감촉은
내가 왜 여기 앉아 있고, 왜 일어나야 하는지를 알려주었다.

그곳에는 박수도 없었고 위로도 없었다.
오직 나만이 나를 부르고 있었다.
울리지도, 들리지도 않는 목소리로
나만 알아들을 수 있는 자그마한 목소리로…

다시 일어나 발걸음을 옮겼다.
걷다 보면 결국 나에게 되돌아가지 않을까.

집에 돌아와 뜨거운 물로 샤워를 하며
김이 가득 찬 거울 앞에 섰다.

거울 속의 나는 잘 보이지 않았지만
거울 속의 내가 입술을 여는 모습을 가릴 순 없었다.

"괜찮아, 그래도 여기까지 왔으니까."

부서지고
흩어져도
나는 사라지지 않았다

모든 조각은
다시 나를 이루는 것

넘어진 자리에서
나는 천천히
나를 껴안기로 했다

완성되지 않아도
아직 깨어나지 않아도
괜찮다

나는
나로 살아가는 중이니까

글을 쓴다는 건 다시 살아내는 것

모든 것이 비어 있었다.

공허함조차 느껴지지 않을 만큼 마음은 닫혀 있었고
한 때 세상을 바꾸겠다며 끓어올랐던 의지는
움직이지 않은 채 내 안 어딘가에 가라앉아 있었다.

하고 싶은 말은 목까지 차올랐지만
끝내 입 밖으로 나오지 못했고
감정은 내 안에서 얼어붙은 채로 침묵했다.

***

지금껏 누군가의 마음에 들기 위해 써왔던 글을
이제는 나를 건져내기 위해 써보기로 했다.

굳이 누군가에게 말하지 않아도 괜찮다.
글은 때로 가장 깊은 내 침묵을 대신 말해주니까.

마음은 여전히 얼어붙어 있었지만
그 옆에 잠시 머물러 주기로 했다.
닿지 않던 내 안쪽에 글을 뻗어 위로해주고 싶었다.
조심스레 한 문장을 얹어
전해지지 못한 감정을 꺼내 본다.

글을 쓴다는 건 단지 상처를 글로 옮기는 일이 아니다.
그 무게를 손끝으로 느끼며 생각의 결을 따라
한 줄 한 줄 문장으로 옮기는 일이다.

형태조차 없는 고통에 감정을 부여하고
잊었던 기억의 흔적을 다시 불러오는 일.
그것은 내가 나를 응시하는 가장 내밀한 시간이다.

하지만 상처를 들여다보는 일은 늘 고통스럽다.
글을 써 내려가는 어두운 방 안,
그 안에 남은 건 오직 나의 꺼져가는 숨결뿐이었다.

어느 날은 그곳에 쌓인 침전물이 떠오르기도 했고
어떤 날은 다시 그 아래로 스스로를 밀어 넣기를
반복하기도 했다.

그래도 한 줄 또 한 줄 채워지는 문장들이 내 안에서
흩어졌던 조각을 다시 불러 모은다.
응답 없는 내면을 향해 무작정 써 내려간 문장이
다시 나를 바라보게 했다.

글은 나에게 묻는다.

'아직도 그 지나간 감정들이 그 안에 머물고 있느냐고.'

나는 답한다.
내가 글을 쓴다는 건, 상처의 흔적을 기록하는 일이 아니라
지워지지 않기 위해 다시 살아 있기 위해 내 안의 가장 깊은
곳으로 손을 내미는 일이라고.
그리고 그것은 기어이 살고 싶다는 몸짓이라고.

글을 쓰는 동안 외로움은 잠시 멈춘다.
문장들이 나를 바라봐 주면
누구에게 말 못 하던 침묵도 조금씩 나에게
할 말을 하기 시작하니까.

글자들이 내 등을 토닥이는 밤들이 쌓여가며
살아 있다는 감각을 조금씩 되찾았다.

어떤 사람들은 끝내 자신의 상처를 그 누구에게도
말하지 못한 채 하루를 건너간다.
아무도 알아주지 않았던 그 진심을 가슴에 묻어가며

글은 나만의 것이 아니다.
나의 고백이 누군가의 어둠을 밝히고
나의 문장이 누군가의 침묵을 걸어가게 만든다면
글을 쓴다는 건 고통을 이해시키기 위한 설명이 아니라
무너졌던 나를 다시 일으켜 세우는 문장을 만드는 일이 될
테니까.

글은 끝내 말하지 못한 마음이 문장으로 남는다.
내가 되지 못했던 내 감정은
그렇게 글로 남아 가장 삶의 자리에서
끝내 사라지지 않았다.

슬픔은
눈물 뒤에 오는 게 아니야
멈춰 선 자리에
찾아오는 거야

아프지 않아도
문득 슬퍼지는 순간도 있어

슬픔은
아파서 느끼는 감정이 아니라
힘든 마음이
잠시 쉬어가는 쉼표니까

그럴 땐
이기려 하지 말고
그냥 그 자리에 머물러도 돼

어디로 가는지 몰라도
지금 그 자리에서
살아 있다는 것만으로
충분하니까

용서: 그 사람은 너를 다치게 하지 않을 거야

머무르되 붙잡지 않는 마음이 있다.
말하지 않아도 닿는 마음이 있다.
그리고 아무리 말해도 끝내 닿지 않는 마음도 있다.

사랑은 그 사이에서 태어난다.
의심과 확신 사이, 멈칫하는 손끝과 다정한 눈빛 사이.

눈물이 흐르기 전에 옆에 앉아주는 사람.
침묵 속에서도 등을 먼저 감싸주는 사람이 있다.

***

너는 그런 사람을 만나야 해.
웃는 얼굴 아래의 피로를 가장 먼저 알아보는 사람.
마음을 바꾸려 하지 않고 그저 바라봐주는 사람.

익숙해져도 무뎌지지 않고
설렘이 사라져도 마음을 거두지 않는 사람.
'사랑해'라는 말보다
'널 잃을까 봐 무서워'라는 고백이 먼저 나오는 사람.

너와 함께하는 침묵의 시간이
세상에서 가장 귀한 순간임을 알아차리는 사람.

빛이 있을 때만 다정한 사람이 아니라
겨울밤 차가운 바람을 지나
어둠 속에서도 너를 알아보는 사람.

네가 고개를 숙여 시선을 떨굴 때
그 시선을 따라 같이 멈춰 서는 사람.

그런 사람과 함께라면 울어도 괜찮아.
그 눈물은 끝이 아니라
너를 있는 그대로 받아들이는 시작이 될 테니까.

그 사람은 너를 다치게 하지 않을 거야.
네 안에 오래 숨겨온 상처의 결까지
조심스럽게 어루만질 테니까.

나는 더 이상 너의 사랑이 될 수 없지만
그 사람이 너에게 닿았으면 좋겠어.
이번엔 사랑하지 말고 끝내 너를 잃지 않았으면 좋겠어.

사랑은 누군가를 갖는 일이 아니라
네가 너에게 끝까지 남을 수 있도록 곁에 머무는 일이니까

혹시 지금
네가 누군가의 곁에 있다면
이제는 그 눈물마저 이해받을 수 있기를.
그 상처를 품고도 너는 끝내 너를 잃지 않기를.
너를 비추는 등불이 꺼지지 않기를.

그런 사람을 만나면
네가 상처만 남아 있어도, 그 사람은 괜찮다고 말해줄 거야.
너는 그런 사람을 만나야 해.
그 사람은 너를 다치게 하지 않을 거야.

구원은 밖에서 오는 게 아니야
넘어진 그 자리에서
다시 너를 일으켜야 해

모든 의미가 사라진 뒤에도
너는 끝내, 너를 버리지 말아야 해

새벽은 늘 멀게만 느껴지고
어둠이 아무리 가까이 있어도
네 안에 남아 있는 그 불빛을 향해
단 한 걸음이라도 걸어가야 해

흔들리고 멈추고 다시 흔들려도
다시 너를 살아가야 해

완성되지 않아도
끝내 도달하지 못해도
그럼에도 불구하고, 나아가야 해

그것만이
너를 지키는
유일한 방식이니까

빛은 어둠을 통과한다

나라는 존재는 처음부터 불확실했다.
어느 날 아무런 이유도 없이 이 세계에 던져졌고
그 누구도 내가 살아야 할 이유를 설명하지 않았다.

그래서 나는 사랑을 했다.
누군가의 시선 안에서
나 자신의 의미를 확인하고 싶었기 때문에.

사랑받기 위해 나를 내어주었고
나를 조금씩 지워갔다.
행복한 이야기로 가득해 보이는 세상 속에서
나도 함께이고 싶었으니까.

그러나 그녀의 시선 속에서만 살았던 나는
언제나 불완전하고 낯설었다.
진심이라고 생각한 마음을 건넨다고 해서
그녀의 진실된 마음이 돌아오는 것도 아니었다.

사랑은 때때로
누군가를 위해 자기 자신을 잃고도
그것이 사랑이었다고 믿게 만든다.
하지만 사랑은
누군가를 위해 스스로를 지우는 일이 아니다.

빛나지 않는다고
그 마음에 머무르지 못하는 것도 아니다.

사랑이 떠나갔다고,
모두가 외로워지는 것도 아니다.

진짜 외로움은
누군가 곁에 없어서가 아니라
내가 나 자신에게서 멀어져 있을 때 느끼는 것이니까.

진짜 슬픔은
그 사람이 떠났기 때문이 아니라
그 사람을 향하던 마음의 끝에서
내가 나를 잃어버렸기 때문이다.

사랑하고 있는데
거울 속 낯선 나를 마주한다면,
사랑은 이미 끝난 것이다.

존재를 사랑으로 증명하려는 모든 시도는
결국 실패로 돌아온다.
존재는 그저
그 자리에서 머무는 것이지
누군가에게 증명하는 것이 아니다.

나를 구원한 건
어둠 한가운데서도 포기하지 않고
나를 부르는, 나를 떠나지 않는
내 안의 숨결 하나였다.

내 안의 불빛은 다시 켜는 것이 아니라
처음부터 꺼지지 않고 남아 있어야 하는 것이었다.

빛은 어둠을 다시 밝히는 것이 아니라
그 어둠을 통과해 나를 밝혀주는 것이다.

나는 나를 잃지 않기로 했다.

아무도 들어주지 않는 내 작은 숨결이라도
나는 여기 있다.

아무도 닿지 못하는 이 어둠 속에서
내가 나를 붙드는 이 순간,

내 존재는
이미 그 자체로
어둠을 통과한
빛이니까.

노을은 새벽을 준비하는 빛

심장은 불규칙하게 뛰기 시작했다.
숨쉬는 것도 너무 불편하게 느껴진다.
아무리 숨을 들이마셔도 공기는 내 폐 깊숙이 닿지 않았다.

넘어졌고 주저앉았고 고개를 숙였다.
눈을 감아도 머릿속에는 끝나지 않는 어둠만이 맴돌았다.

되돌아가려 했지만 이미 너무 멀리 와 있었다.
익숙했던 풍경조차 낯설게 일렁였다.

한때 사랑은 늘 함께 걷는 일이라 믿었지만
결국 나 혼자 견뎌야 하는 메마른 시간만이 남아 있었다.

그러나 그 끔찍했던 순간들마저 끝내 내가 감당해 낸 시간이었고
그 또한 내 걸음의 흔적이었다.

'그래도 여기까지 왔어.'

하늘을 올려다본다.
붉게 물든 노을이 천천히 내려앉아 있다.
그녀와 처음 이별을 예감하며 바라보던 노을
그날과 닮은 노을빛을 바라보았다.

저 노을은 지는 빛이 아니다.
어둠을 향하는 문턱도 아니다.
그것은 다시 떠오를 새벽을 준비하기 위해
하늘의 가장 낮은 곳부터
숨 쉬듯 피어오르는 여명이었다.

빛은 멀리 있지 않았다.
필요했던 건 다시 일어서야 한다는 마음 하나였다.

일어나 그 빛을 향해 한 발씩 나아가는 일
그것이 나의 사랑이며
그것이 오늘의 나를 살아가게 한다.

오늘의 노을은
내일의 새벽을 데려온다.

모든 것이 끝났다고 믿은 순간에
다시 나를 불러내고 있다.

저 노을은 오늘 하루의 끝이 아니라
내일의 설레는 아침을 준비하는 빛이다.

빛은
결국
도착한다

별은 사라진 후에도 빛을 남긴다

별빛이 닿기까지는 아득한 시간이 걸린다.

지금 우리의 눈에 들어오는 빛 중 일부는
이미 오래전에 사라진 별에서 온 것이다.
별은 사라졌지만 그 빛은 여전히 마지막 신호처럼
우리에게 도달한다.

사라졌으나 한때 존재했음을 기억해 주길 바라는
별의 마지막 흔적이다.

사랑도 그와 같다. 과거에 머문 감정이 아니라 지금
이 순간에도 그치 않고 나에게 닿으려 하고 있는 마음이다.
어느 밤 검푸른 하늘 위로 흩어진 별들 사이에서 유난히
붉은 점 하나가 눈에 들어왔다. 화성이었다.

지구와 가장 가까워질 때마다
붉은빛으로 자신의 존재를 드러내는 행성.
스스로 빛을 내지 않지만
태양의 숨을 품어 존재를 드러내는 행성.

자기만의 어둠 속에서도 빛을 잊지 않고
다시 누군가의 마음을 비춰주는 별빛.
멀어졌다가도 궤도처럼 다시 다가오는 마음.
그 기다림마저 나의 궤도가 되어버린 마음.

결코 멀어진 적 없던 내 곁을 한 바퀴 돌아
다시 머무는 나의 별.

화성은 닿을 수 없지만 분명히 살아 있는 마음처럼
내 곁을 맴돌다 언젠가 다시 가까워질 인연.
화성은 기다림 속에서도 멀어지지 않는 사랑의 별이다.
무심한 우주의 질서 속 유일하게 감정적으로
반응하는 하나의 좌표다.

나는 한참 동안 그 별을 오래 바라보았다.
그곳 어딘가에서
누군가 천천히 나를 향해 오고 있다는 예감이 들었다.

나의 별빛은 아직 도착하지 않았지만
이미 내 안에 의미를 만들고 있었다.
그 사람이 누구인지 아직 모르지만
오래전부터 그를 기다리고 있다.

아직 닿지 않음으로 이어지는 인연처럼.
이름 없이 떠 있는 점 하나가 나의 모든 의미가 되었던 것처럼.

어제의 사람을 기다리는 것이 아니다.
과거의 감정에 기대어 서 있는 것도 아니다.
지금 이 순간, 나를 향해 오고 있을
한 존재의 미세한 떨림을 느끼고 있을 뿐이다.
별은 눈에 보이기까지 수천 년을 건너온 시간의 빛을 품는다.

시간은 더디겠지만 끝내 꺾이지 않는 별빛처럼
언젠가 반드시 닿는다. 빛은 도달하기 위해 태어난다.
사랑도 이루어지기 위해 시작된다.
사라진 감정을 되돌리는 것이 아니라
완성될 사랑을 향해 담담하게 나를 여는 일.

이제 나는 기억의 이름이 아닌
나를 향해 달려오고 있는 마음을 부르고 있다.

도착하지 않은 사랑은
아직 완성되지 않은 이야기다.

그 빛이 나를 향해 천천히 다가올 때
더는 기다리는 사람이 아니라
그 빛 앞에 함께 머무는 사람이 되고 싶다.

사랑은 처음 마주하는 순간에만 시작하지 않는다.
그런 존재를 기다리는 마음 안에서 이미 시작되고 있는 것이다.

당신은 지금 어떤 별빛을 기다리고 있나요
아직 닿지 않은 그 빛이
오늘 밤 당신의 마음 한편에 머물기를

별은 사라진 후에도 빛을 남깁니다
사랑도 그렇습니다

별은 사라져도
빛을 남긴다

누군가의 하루를 비추고
어딘가의 어둠을 밝히려
빛은 그렇게
우리에게 도착한다

우리도 사라지지 않는다.
우리는 빛이었으니까

우리는 다시 누군가의 별이 되어 빛난다

투명한 공기 속으로 별빛이 쏟아진다.

우리는 때때로 살아 있다는 사실만으로는 부족한 순간을 지난다.
누군가의 마음에서 잊히고 빛나지 못한 채 하루를 견디며
자신조차 자신의 의미를 의심하는 밤들을.

모든 시작은 금허했다.
이름도 없고, 형체도 없이
부르지 않은 숨결처럼 존재는 떠돌았다.

행복해야 할 삶은 늘 손 닿지 않았다.
때론 흐르고 때론 떠들았다.
붙잡을 수도 불러낼 수도 없는 무명처럼
우리는 흘러가는 시간 안에서
살아내고 견디고 때로는 잊혔다.

밤하늘을 올려다본다.
하나의 빛이 아득한 어둠을 건너 나를 향해 오고 있다.

어쩌면 사라졌을지도 모를
별이 남긴 한 줄기 빛이 가만히 내 안을 비춘다.

나는 생각한다.

'별의 숨이 멎어도 빛은 길을 멈추지 않는다.'

삶도 그렇다.
한때 멈춘 것처럼 보여도
기억이 흐려지고 이름이 희미해져도

우리가 나눈 말, 끝까지 지킨 마음, 묵묵히 견딘 온기
그 모든 것은 어딘가로 스며들어 또 다른 생이 된다.

사라졌다고 믿었던 발자국도
어딘가의 돌 위에 깊이 각인되어 남아 있다.
다만 시간만이 그 위를 덮고 있었을 뿐

우리를 이루는 모든 것은 먼 옛날
한 별이 마지막 숨을 태우며 남긴 잔해에서 왔다.

그 별의 잿빛 파편들이 지금의 심장과 숨과 기억이 되었다.

잘났든, 잊혔든, 빛나지 못했든
모든 존재는 별의 잔해로부터 시작되었다.

'우리는 그 옛날 누군가의 별이었다.'

그리고 지금도
어딘가의 어둠을 건너는 사람에게
잠시 머물다 가는 작은 빛이다.

빛나지 못한다고 느끼는 당신에게 이 말을 건네고 싶다.
당신 또한 이미 누군가의 별이다.
당신의 숨결도 누군가의 밤을 밝히는 작은 별빛이다.

지금 빛나지 않아도 괜찮다.
멈춘 것처럼 보이는 순간에도,
삶은 여전히 흐르고 있다.

우리는 알지 못하는 사이
다른 이의 어둠을 건너는 불씨가 된다.

그리고 언젠가
절망 속에서 끝났다고 믿었던 시간은
또 다른 이의 밤하늘에서
또 하나의 빛으로 떠오를 것이다.

우리는 다시
누군가의 별이 되어 빛난다.

어둠이 깊어질수록 새벽은 가까워진다

가장 짙은 어둠은 밖에서 시작되지 않았다.
그건 언제나 내 안에서 먼저 피어났다.
그리고 새벽 또한 결국은
내 안에서부터 자라나기 시작했다.

감정은 멈췄고 말은 흩어졌으며
마음은 얼어붙은 채, 아무 데도 닿지 못했다.

몸은 하루를 겨우 따라갔지만
내 안의 시간은 어디로도 흐르지 않았다.
사랑이 끝났다는 사실은 삶의 중심을 산산이 부쉈다.

그 붕괴의 장면 앞에서 나는 아무 말도 하지 못한 채
그저 무력하게 서 있었다.

꺼내지 못한 마음은 전해지지 못하고
내 안에 고여 더 깊은 곳에서 혼자 앓기 시작했다.
깊은 호수 수면아래처럼 고요하고 탁한 내면에서
살아 있다는 느낌은 점점 꺼져갔다.

나는 마치 모든 것을 내려놓은 사람처럼 눈을 감았다.
말도 생각도 감정도 어디에도 닿지 못한 채 고요라기보단
아무것도 존재하지 않는 공허 속에 묻혔다.

그러던 어느 날
오래전 처음 사랑을 믿던 시절의 감정 하나가 기억 저편에서
아주 낯선 표정으로 나를 바라보고 있다는 걸 알아챘다.

그건 위로도 기적도 아니었다.
무너진 날들을 버텨낸 마음이 나에게 되돌려준
작고 느린 떨림. 말 없는 회복의 첫 진동이었다.

***

새벽은 그렇게 찾아왔다.
누군가가 깨운 것도 내가 이겨낸 것도 아니었다.
나는 사라지지 않고 그 자리에 가라앉아 있었을 뿐이었다.

감정이 흐르지 않고 다음조차 움직이지 않는 긴 밤.
기다림이란 그 침묵을 버티는 일이었다.

침묵의 끝에서 잊힌 줄 알았던 내 안의 불씨가
아주 천천히 다시 깨어나기 시작했다.

나는 꺼진 것이 아니었다.
다만 빛이 닿지 않는 자리에 잠시 머물러 있었을 뿐
다시 일어선 것도 완전히 회복된 것도 아니었다.
무너졌던 마음의 잔해 속에서 나는 그저 숨만 쉬고 있었다.

어둠이 걷히고 새벽이 왔을 때 나는 알게 되었다.
내 안에 여전히 지지 않은 작은 빛 하나가 남아 있었다는 것을.

사랑을 잃은 후에도 완전히 사라지지 않았던
'나'를 다시 바라보게 된 순간.
그것이 내 안의 빛이 다시 살아나기 시작한 순간이었다.

빛은 밖에서 오는 것이 아니다.
이미 내 안에서 타오르고 있던 끈질긴 나의 불씨다.

지금 당신이 머물고 있는 자리에
어둠이 있다면
그 어둠 속에서 아직 꺼지지 않은
당신의 숨결과 당신만의 작은 빛을
부디 잊지 말아 주세요

새벽은 언제나
가장 짙은 어둠 한가운데에서
아무도 모르게
조용히 다가오고 있으니까요

빛이 보이지 않을 땐 잠시 눈을 감고 기다리면 돼

겨울밤
숨마저 서늘해지는 공기 속에서
세상은 내게서 조금씩 멀어졌다.

말은 닿지 않았고 시간은 멈췄다.
살아 있다는 감각마저 희미해졌다.

빛이 사라졌다고 믿은 날들이
사실은 내가 가장 깊이 살아 있던 순간이었다.

흔들렸다고 여겼던 시간들이
오히려 내가 가장 단단하게 버티고 있던 때였다.

모든 것이 멈춘 것 같은 밤이 있다.
소리도 온기도, 내가 살아 있다는 증거마저 지워지는 밤.
길을 잃고 방황하는 내가 낯설어진다.

사람들은 말한다.

"더 강해져야 한다고."
"잊고 지나가야 한다고."
"곧 괜찮아질 거라고."

하지만 어떤 말은 상처보다 오래 남고
어떤 밤은 새벽보다 길다.

그럴 땐 억지로 보려 하지 않는다.
눈을 감으면 보이지 않던 것들이 되살아난다.

지나간 슬픔, 나를 붙잡았던 마음
잠들지 못한 감정들이 깨어나 숨을 쉰다.

그 잔해들 속에서
아주 작고 희미한 숨 하나가 들려온다.

사라지지 않고
여전히 살아 있는 어떤 생의 기척.

그 숨을 따라 걷는다.
눈을 감은 채, 멈추듯 천천히…

삶은 언제나 앞으로만 흐르지 않는다.
멈춰야만 비로소 살아지는 밤도 있다.

아무것도 하지 않는 날들이
가장 단단한 태도가 되는 밤도 있다.

나에게 되돌아가는 것은
다시 빛나는 일이 아니다.

빛이 없더라도
살아 있다는 것을 스스로 믿는 일이다.

그렇게 버텨낸 시간들이
어느 날 이유 없이 내 안에 작은 빛이 되어 돌아온다.

확신은 없지만
분명히 느껴지는 따스한 숨결.

그제야 알게 된다.
빛이 보이지 않을 땐

눈을 감고 기다리는 일도
살아 있다는 증거라는 것을.

살아 있다는 건
언젠가 다시 걷겠다는 아주 미세한 다짐.

무언가 아직 내 안에
남아 있다는 뜻.

그 다짐이 언제 돌아올지는 아무도 모른다.
그러나 그것은 결코 사라지지 않는다.

그리고 지금
빛이 보이지 않는 어둠 속에 머물러 있는 당신에게
나는 이 말을 건네고 싶다.

숨 쉬는 게 버거웠던 날들조차
결국은 당신을 지탱한 작은 생의 증거였다.
눈을 감아도 당신 안의 숨은 꺼지지 않는다.

그 숨은 언젠가
작은 빛이 되어 다시 당신을 비출 것이니까.

빛이 보이지 않는다고
모든 것이 사라진 건 아니다.

지금도 당신은
꺼지지 않은 숨으로 투명히 살아가고 있으니까.

그 기다림조차-
당신 안의 생이 지금도 흐르고 있다는
가장 분명한 증거니까.

당신의 숨은
다시 작은 빛이 되어
당신을 비추러
반드시 돌아올 테니까.

"빛이 보이지 않을 땐,
잠시 눈을 감고 기다리면 돼."

\<Epilogue\>

모든 빛이 꺼지고
모든 문이 닫히고
모든 이름이 지워져도
마지막까지 남아
나를 기다리던 단 한 사람

사라지지 않는 사람
포기하지 않는 사람
어둠을 견디는 사람

그것이 바로 나였다

빛은 바깥에 없었다
세상이 모두 꺼져버린 뒤에도
아주 작은 숨결처럼
내 안에 꺼지지 않는
불씨 하나가 남아 있었다

나는 알았다
누구의 손길도 누구의 위로도 아닌
내가 나를 껴안는 것만이
끝내 나를 지켜낸다는 것을

나는 끝내
나를 버리지 않았다

어둠 한가운데서
내가 내 손을 놓지 않았기에
나는 다시
나로 살아갈 수 있었다

그리고
그것이면 충분했다

빛이 보이지 않을 땐
잠시 눈을 감고 기다리면 돼

#9 에세이

빛이 보이지 않을 땐
잠시 눈을 감고 기다리면 돼

초판 1쇄 발행 2025년 7월 18일

지은이 #9
펴낸이 김민주
펴낸곳 시너지북스
출판등록 2025년 5월 8일 제 2025-000129호
주소 서울특별시 강남구 대치동 950-9, 301호
전화 010-3252-5593
이메일 synergy3300@naver.com
홈페이지 www.synergybooks.kr

가격 17,000원
ISBN 979-11-993410-1-2(03810)

Copyright © #9, 2025

이 책은 저작권법에 의해 보호받는 저작물이므로 무단전재와 무단복제를 금지하며,
이 책의 전부 또는 일부를 이용하시려면 반드시 저작권자와 <시너지북스>의 서면 동의를 받아야 합니다.